JN272936

宗教はなぜ必要なのか

島田裕巳

知のトレッキング叢書
集英社インターナショナル

宗教はなぜ必要なのか

目次

キャラクター（トレっくま）イラスト　フジモトマサル
カバーイラスト　タダジュン
装丁・デザイン　立花久人・福永圭子（デザイントリム）

まえがき

宗教なんて必要なのだろうか。

私たち日本人の多くは、そのように考えているのではないでしょうか。

二〇〇八年五月に、『読売新聞』が行った宗教をめぐる世論調査の結果が発表されました が、宗教を信じているかどうかという質問に対して、信じていると答えた人の割合は二六・一パーセントでした。一方、信じていない人の割合は七一・九パーセントにものぼりました。

また、「幸せな生活を送る上で宗教は大切だと思うか」という質問に対しては、そう思うと答えたのは三六・六パーセントでした。

この『読売新聞』の宗教についての世論調査は、一九七九年七月以降、これまでに一〇回行われています。最初の調査では、宗教を信じている人の割合は三三・六パーセントでした。宗教は大切だと思うかに対しても、四六パーセントの人がそう思うと答えていました。

宗教を信じている人の割合も、宗教を大切に思う人の割合も、ともに約三〇年のあいだにかなり減少しています。とくに、一九九五年にオウム真理教の地下鉄サリン事件が起こった直後に、どちらの数字もいったんは激減しましたから、この事件の影響もあるかもしれません。

現在の日本人の多くは、宗教を信じてもいなければ、それを大切なものとも思わなくなっています。日本人が自分たちのことを「無宗教」だと公言するのも、そうした意識が関係しているはずです。

もっとも、だからといって日本人は、宗教とかかわりをもっていないというわけではありません。それどころか、かなり積極的にかかわっています。

正月に初詣に出掛ける人は少なくありません。その際には、神社仏閣で手をあわせ、そこに祀られている神や仏に対して祈りを捧げます。

身近な人間が亡くなれば、多くの家庭では仏教式で葬儀をあげます。導師として僧侶を呼び、読経してもらうのです。無宗教式という選択肢もありますが、それが多数派になっているわけではありません。

ほかにも、私たちが神社仏閣、あるいはキリスト教の教会などに出掛けていく機会は結構あります。赤ん坊のお宮参りや七五三など、そうした通過儀礼は今でも盛んに行われています。かえって派手になっています。

観光に出掛けたときにも、私たちは神社仏閣に立ち寄ります。そこでは、たんに建物や仏像などを見るだけではなく、祈りも捧げます。

私たちは、こうした自分たちの振る舞いについて、ただたんに慣習に従っているだけで、特別な意味はないと考えています。神社仏閣で祈りを捧げても、自分は神道を信仰しているわけでもなければ、仏教の信徒でもないと考えているわけです。

そうした意識があるからこそ、自分たちを無宗教だと考え、世論調査に対しては、宗教など信じていないし、宗教を必ずしも大切だとは考えないと答えるわけです。

しかし、本当に宗教は必要のないものなのでしょうか。

少なくとも海外では、多くの人たちが、場合によってはその国の圧倒的多数の人たちが、宗教を信じ、神を信じていて、人間が生活していく上で宗教は絶対に必要なものだと考えています。

その点からすると、日本人は特殊な民族であり、国民なのでしょうか。海外の人たちは、相手がどういう宗教を信じているのかということを重視します。ですから、「あなたの宗教は何ですか」と必ず聞いてきます。その人間がどういった考えをもち、どういった生き方をしているかを見ていく上で、宗教が決定的な影響を与えていると考えているからです。

この本の目的は、今まで宗教がどうして必要とされてきたのか、その理由を考えてみることにあります。その点を見定めていくことで、今の私たちにも宗教が必要なのかどうかを考えていきます。

全体の議論の進め方について、あらかじめ説明をしておきましょう。

まず、最初に注目するのは、宗教と死ということとのかかわりです。人間に限らず、あらゆる生物、あらゆる生命は死を免れることができません。ゾウリムシなどのような単細胞生物は死なないとも言われていますが、それは分裂をくり返していくからで、一つの個体が永遠に生き続けるわけではありません。

しかも人間は、生物のなかでほぼ唯一、死んだ仲間を葬るという行為を行います。葬式をするのは人間だけです。他の生物は遺体処理さえ行いません。

その死ということと宗教とは密接な関係をもっています。第一章では、その点を見ていくことにします。

次の第二章で考えるのは宗教体験の問題です。宗教には、さまざまな形で体験が伴います。教祖が新しい宗教を生むときにも、特別な体験がきっかけになっています。教祖に限らず、信仰をもつ人々は何らかの体験を経て信仰に目覚めるというケースが少なくありません。

宗教体験は、その人間を大きく変えます。それによってこれまでの自分が死に、新たな人間に生まれ変わるのです。

ただし、宗教を信仰することによって、何らかのご利益《りやく》が得られなければ、一般の人間は、その宗教をなかなか信じることはできません。ご利益は、信仰として質が低いものとして否定的にとらえられる傾向にありますが、やはり具体的なご利益をもたらしてくれる宗教でなければ、広がりをもつことができません。その点について第三章で考えます。

第四章では、モラル、道徳や倫理ということと宗教とのかかわりについて考えていくことになります。この側面はとても重要です。多くの国で宗教が絶対に必要なものだと考えられているのも、宗教がモラルの源泉になっているからです。宗教がなければ道徳や倫理が失われてしまうとも考えられています。

かつてこの問題に直面し、それに悩んだのが『武士道』の著者である新渡戸稲造《にとべいなぞう》でした。新渡戸は、日本人が宗教の力を借りずにモラルを確立できるのは、武士道があるからだと考えました。果たして、この新渡戸の考えは、正しいのでしょうか。今の日本社会にも通用するのでしょうか。その点まで考えていきたいと思っています。

最後の第五章では、この世界を支える究極的な存在としての神について考えます。キリスト教でもイスラム教でも、この世界を創造した唯一絶対の神が信仰の対象になっていて、人間の生活はその神によって支えられていると考えられています。

この考え方は、一神教の世界では社会に深く浸透し、疑いようのない真理と見なされています。ところが、日本人にはその感覚がありません。

では、日本人は神の代わりに、何を信仰しているのでしょうか。それとも、何も信仰していないのでしょうか。その点を最後に考えてみたいと思っています。

第一章

人は死ぬから宗教を求める

人を弔うという人間ならではの行為

この本では、人間が宗教を必要とする理由について考えていこうとするわけですが、まず最初に、死ということとのかかわりから見ていくことにしましょう。

人は死にます。

これは動かしがたい前提です。

最近では、平均寿命が延び、八〇歳、さらには九〇歳まで生きることがそれほど難しいことではなくなってきました。なかには一〇〇歳を超えても元気に暮らしているお年寄りがいます。

しかし、人が生きている限り、死を免れることはできません。どんな人も最後は死を迎えます。

人が死ねば、私たちはその人を葬ります。動物は、仲間が死んでも、それを葬るということがありません。象は、仲間が死ぬと、その骨を長い鼻でさわり、その死を悼むような振る舞いをしますが、そのとき象がどういった気持ちなのかは、残念ながら分かりません。

動物の死骸は、その場に放置され、ほかの動物に食べられるなどして処理され、やがて土などに混じって消えていきます。

ところが人間は、たんに仲間の遺体を処理するだけではなく、それを葬るために一定の儀式を営みます。儀式を営むということは、そこに何らかの信仰なり、宗教なりがかかわっていることを意味します。

どうやら、仲間を葬らなければならないということが、人間が宗教を必要とする一つの理由になっているように思われます。

最初に、日本のことを考えてみましょう。日本人は、仲間をどのように葬ってきたのでしょうか。そこに宗教はどうかかわっているのでしょうか。

日本古代の葬法

九州の佐賀県にある吉野ヶ里遺跡は、弥生時代の環壕集落跡です。この遺跡は一九八六(昭和六一)年から発掘がはじまり、現在は国営の歴史公園となっていますが、この遺跡からは墓も発見されています。

それは、甕棺《かめかん》や石棺、土坑墓《どこうぼ》といった形をとっています。さらには、二つの墳丘墓《ふんきゅうぼ》も見つかっています。甕棺は庶民を葬ったものと考えられますが、墳丘墓となるとかなり規模の大きなものですから、そこには集落の首長となるような人物が葬られたのではないかと考えられています。

ただ、この時代の遺跡からは文字資料が発見されていません。ですから、弥生時代の人人が死者について、あるいは死ぬということについてどういった考えをもっていたのか、あるいは、仲間を葬るにあたってどんな儀礼を営んだのかは分かっていません。この時代の葬式のやり方については、まるで資料がないのです。

古代の人々の葬式の形式がどういったものだったのか、それを推測する材料となるのが埴輪《はにわ》です。埴輪は、弥生時代後期から出現し、次の古墳時代になると盛んに制作されるようになります。

埴輪自体についてはよく知られていると思いますが、その原型となったのは土器でした。土器とは言っても、側面に丸や三角の穴をうったり、底がすっぽりと開けられているもので、これは、「特殊壺型土器」や「特殊器台型土器」と呼ばれています。これでは物や液体を蓄えることができませんから、もっぱら祭祀に使われたのではないかと考えられています。

こうした土器は二世紀後半から三世紀前半のものですが、岡山県の吉備《きび》地方からしか見つかっていません。それをもとにして埴輪が全国で作られるようになります。埴輪のなかには、下が筒のようになっているものがあって、土器から発展したと覚しき痕跡が残されています。

埴輪は皆、古墳から発見されていますから、死者を葬ることと密接な関係をもっていたことが考えられます。埴輪を用いて何らかの葬送儀礼が営まれたわけです。埴輪は、死者

特殊壺・特殊器台（西江遺跡出土）

が死後の世界に伴っていく副葬品だったのかもしれません。

埴輪には大きな特徴があります。埴輪は、人や馬、家や船、鶏や楯などを象《かたど》ったもので す。それはどれも現実に存在するもので、当時の人々が信仰していた神を象ったようなものは含まれていません。

ユダヤ教やイスラム教に代表されるように、世界の宗教のなかには、偶像崇拝を厳しく禁じるものがあります。日本の神道も、教えとしてはっきりと偶像崇拝を禁止しているわけではありませんが、信仰の対象となる神を形にして表現することには熱心ではありません。八世紀以降しばらくのあいだ、仏教の影響で神像が作られた時期もありましたが、それ以降しだいに作られなくなっていきます。

果たして古墳時代の日本人に、神を姿形あるものとして表現することに抵抗があったのかどうかは分かりませんが、埴輪自体偶像ですから、偶像崇拝を禁止するという意識はなかったのでしょう。

となると、古墳時代の人々のなかに、神に対する明確な信仰があったのかどうか、そのこと自体が疑わしくなってきます。少なくとも、神を表現したような埴輪はないわけですから、神への信仰と人の死とは結びつけて考えられていなかったことでしょう。

そもそも埴輪とは何なのでしょうか。

何のために古墳に並べられたのでしょうか。そこに葬られた人が、あの世に旅立っても、生きていたときと同じ暮らしができるようにと、家や馬を用意し、従者を作ったのでしょうか。

そのあたりのことは、やはり文字資料がないのではっきりとはしませんが、埴輪の形とその使われ方から考えると、古墳時代の日本人は、あの世についてはまだはっきりとした観念をもっていなかったように思えてきます。少なくとも、体系化された宗教観をもってはいなかったと言えるのではないでしょうか。

現代の私たちは、亡くなった人間はあの世に逝くと考えます。あの世は、天国や極楽、浄土と呼ばれます。あるいは地獄に落とされるのではないかという恐れも伴っています。

しかし、こうしたあの世に対する見方は、仏教や道教といった外来の宗教が朝鮮半島や中国から入ってきて以降に生まれたもので、古代の日本人は、少なくとも考古学の対象となる時代には、それほどはっきりとしたあの世についての考えをもってはいなかったのです。

原始神道のあの世

仏教が日本に伝来した年については、主なものとして五三八年説と五五二年説がありますが、残念ながら特定できてはいません。六世紀の半ば、欽明《きんめい》天皇の時代だったのではないかというのが、一般的な解釈です。

そして、奈良の平城京に都が移されると、そこには多くの寺院が建てられ、仏教の信仰が広まっていきます。その奈良時代のはじめには、神話をまとめた書物として『古事記』が編纂されます。

『古事記』の冒頭の部分では、神々が次々と生まれ、日本の大地が作られていく様子がつづられていますが、そのなかに死者の赴くあの世が登場します。

イザナギノミコトとイザナミノミコトの二柱《ふたはしら》の神が天の橋に立って、天沼矛《あめのぬぼこ》によって混沌としていた大地をかき混ぜると、矛から滴り落ちたものが積もって、淤能碁呂島《おのごろじま》ができます。これが日本の国土のはじまりになります。イザナギノミコトとイザナミノミコトはその後も次々と神々を生んでいきますが、イザナミノミコトは火の神を生んだことで、陰部にやけどを負い、亡くなってしまいます。

イザナミノミコトは埋葬されますが、彼女のことを忘れられないイザナギノミコトは、死者のいる黄泉《よみ》の国まで会いに行きます。イザナギノミコトはそこから帰る際に、イザナミノミコトから決して後ろを振り返ってはならないと申し渡されますが、その約束を破ってしまいます。振り返ったイザナギノミコトが見たのは、腐敗してウジが湧いたイザナミノミコトの姿でした。イザナギノミコトは、それに驚いて、黄泉の国から逃げ帰ってしまいます。

死者が赴く黄泉の国は、この世とは異なる「他界」ということになります。ただ、この世と黄泉の国のあいだを隔てているのは黄泉比良坂《よもつひらさか》だけで、黄泉の国はこの世と地続きになっています。天国や極楽、浄土のように、地上とははるかに隔たった遠いところにあるわけではありません。

『古事記』が献上されたのは和銅五年のことで、西暦で言えば七一二年にあたります。仏教は、それから一五〇年ほど前にすでに伝来していて、飛鳥時代にはかなりの信仰を集めていました。

ところが、『古事記』には、仏教の影響は見られません。そこに記されたのは、仏教の影響を受ける前の日本に土着の神話でした。日本神話がいったいいつ形成されたのか、それをたどることは不可能ですが、『古事記』に著されるよりもかなり前から伝えられてきたのではないかと考えられます。

その点で、日本に土着の信仰においては、それは「原始神道」と呼んでもいいかもしれませんが、まだ他界についての想像力は十分に発展を見せていませんでした。

もう一つ、その例をあげましょう。

一九七二年から発掘が行われた奈良県の明日香村にある高松塚古墳は、飛鳥時代と奈良時代のあいだ、藤原京の時代に築造されたものと考えられています。藤原京は六九四年から七一〇年まで続きました。

同じ明日香村では、一九八三年にキトラ古墳も発見されています。どちらの古墳も壁画を特徴としています。高松塚古墳の壁画にカビが発生し、それで変色や絵の消失という事態も起こり、大きな話題ともなりました。

高松塚古墳では、東の壁に青龍、北の壁に玄武、西の壁に白虎が描かれています。これに朱雀をあわせたものが「四神《しじん》」と呼ばれるもので、これは中国の信仰にもとづいています。四神は、東西南北四つの方向を司っています。高松塚古墳では南の壁に盗掘された跡がありますから、そこに朱雀の姿が描かれていたことでしょう。

また、東の青龍の上には太陽を象ったものが、西の白虎の上には月を象ったものが描かれています。どちらにも、その左右に男子と女子の群像が描かれています。キトラ古墳でも、四つの壁に青龍、白虎、朱雀、玄武の四神が描かれています。

この二つの古墳でも、仏教の信仰に由来するようなものは見つかっていません。キトラ古墳が造られたのは七世紀末から八世紀はじめとされていますから、高松塚古墳と同時代です。ということは、この時代には、仏教は死の世界とまだ結びつきをもっていなかったことを意味します。しかも、地上の世界とは異なる他界の観念も壁画には表現されていないのです。

古代人は現代人より宗教的なのか

私たちの今の感覚からすれば、仏教は死の世界と密接な関係をもっていて当然です。ところが、仏教が伝えられてからそれほど時間が経っていない段階では、仏教はまだ死の世界には浸透していなかったのです。おそらく、この時代の日本人は、死者は地上とそれほど離れてはいない黄泉の国に赴くと考えていたことでしょう。あるいは、四神によって守られた形の高松塚古墳やキトラ古墳の内部は、死者が生き続ける場として考えられていたのかもしれません。

私たちは、時代を遡れば遡るほど、その時代に生きていた人々は深く宗教に傾倒し、むしろ宗教によって支配されていたと考えがちです。現代人よりも古代人の方が、はるかに宗教的だったと考えられているのです。

そうした見方は、遺跡の復元作業にも反映されています。

弥生時代の吉野ヶ里遺跡についてはすでにふれましたが、実際にそこに行ってみると、古代の集落のなかに、三階建ての「主祭殿」と呼ばれる建物が復元されています。主祭殿は内部に入ることができるようになっていて、一番上の三階の部分では、巫女を中心として宗教的な儀式が営まれている場面が人形を使って再現されています。

そこを訪れた人たちは、なるほど古代の日本人の生活の中心には確固とした信仰生活があったのだと考えます。そこには、邪馬台国《やまたいこく》の卑弥呼《ひみこ》が「鬼道」を司っていたという知識が投影されているかもしれません。神が降りてきて、神のことばを伝える存在は、一般に「シャーマン」と呼ばれますが、吉野ヶ里遺跡の巫女はシャーマンとしてとらえられているわけです。

卑弥呼のことを伝えている『魏志倭人伝《ぎしわじんでん》』を読んでみると、邪馬台国には宮殿や楼観、あるいは城柵があったとは書かれています。けれども、主祭殿のような神殿があったとは記されていません。この記述がどこまで現実を正しく反映したものかは分かりませんが、神殿が欠けている点は注目されます。この時代には、神殿などなかった可能性があるからです。

原始神道のもっとも古い形を伝えているとされているのが奈良の大神神社《おおみわ》です。ここでは今も背後の三輪山《みわやま》が御神体とされています。この神社に拝殿はありますが、本殿はありません。古代には、拝殿さえなくて、三輪山のなかにある大きな岩の陰で祭祀が営まれていました。

つまり、神殿などなくて、祭祀は屋外で営まれていたわけです。それが原始神道の古い形でした。それから考えると、弥生時代の集落に巨大な神殿があって、その屋内で巫女によって祭祀が営まれていたというのは、かなり疑わしく思えてきます。

現在復元されている古代の遺跡には、必ず立派な神殿が含まれています。これが果たして正しいのかどうか、私はかなり疑わしいと考えています。巨大な神殿を復元すれば、見栄えもよく、観光の目玉にもなります。そのために、地元からも歓迎されるのですが、神道の歴史を遡っていくと、古代には神殿はなかったと考えた方が、どうも正しいようなのです。

古代の人間は宗教的で、何よりも神事を大切にし、そのために巨大な神殿を建てたということではなさそうです。むしろ、日本に取り入れられた仏教が発展していくなかで、日本人はしだいに宗教的になっていったのではないでしょうか。

私たちのなかには、自分たち人間はつねに進歩を続けてきたという思いがあります。たしかに、時代を追うに従って、さまざまな方面に対する知識が増え、技術も向上してきました。近代になると、科学の飛躍的な発展という事態も起こります。

しかし、だからと言って、古代の人間が宗教的、あるいは迷信的で、それに完全に支配されてしまっていたというわけではありません。むしろ、社会が発展し、それにつれて宗教がより複雑なものになっていったときの方が、宗教の重要性は増し、人々はそれに影響され、場合によっては支配されるようになっていくものなのです。

最初に仏教に期待されたこと

そもそも仏教が伝来しなかったとしたら、日本の宗教をめぐる状況は大きく変わっていたことでしょう。仏教がなければ、土着の神道しかないわけですから、宗教の世界はずいぶんとシンプルなものになっていたことでしょう。大神神社の祭祀のことを考えれば、その点が想像できるはずです。

それは、キリスト教やイスラム教が浸透した地域においても同じです。仏教やキリスト教、そしてイスラム教といった世界宗教が浸透することで、それぞれの地域の宗教世界はより複雑なものになり、社会に対する影響力が増していったのです。

仏教には死後の世界について、浄土という観念があります。

もっとも、日本に仏教が伝えられた初期の段階では、浄土は必ずしも死後に赴くところとは考えられていませんでした。たとえば、聖徳太子が創建したと言われている奈良の法隆寺には、初期の段階で浄土がどういったものとしてイメージされていたのかを教えてくれる宗教美術を見ることができます。

法隆寺の五重塔は、木造の五重塔としては最古のものです。その一番下の部分、それは「初重」と呼ばれますが、初重の内陣東西南北四つの面には塑像《そぞう》の群像が安置されています。東面には、『維摩経《ゆいまぎょう》』のなかにある文殊《もんじゅ》菩薩と維摩居士《ゆいまこじ》の対話の場面が、北面には釈迦の涅槃《ねはん》の場面が、西面には仏舎利（釈迦の遺骨）を分ける分舎利の場面が描かれています。そして、南面に描かれているのが弥勒《みろく》菩薩の浄土です。

弥勒菩薩は、釈迦が入滅し、涅槃に入った後、五六億七〇〇〇万年後に地上にあらわれ、釈迦によって救われなかった人々を救うと信じられています。これが弥勒信仰です。

弥勒信仰では、弥勒菩薩は途方もないはるかな未来に地上にあらわれることになっています（これを「下生《げしょう》」と言います）。それまで弥勒菩薩は浄土にとどまっています。弥勒菩薩ははるかな未来にそこから下生しますが、人間の方が弥勒浄土に赴くわけではありません。

同じ法隆寺の本堂である金堂には壁画が描かれています。この壁画はとても貴重なもので、そのために一流の日本画家の力を借りて、戦前から戦後にかけて模写の作業が続けられていたのですが、一九四九（昭和二四）年、原因不明の火災が起こり、壁画は焼失してしまいました。

この火災をきっかけにして文化財保護法が生まれることになりますが、それ自体大きな損失であることは間違いありません。大正時代に奈良を旅した哲学者の和辻哲郎は、『古寺巡礼』という有名な著作のなかで、焼失する前の壁画についてかなり詳しく記しています。それを読むと、ますます失われたことが惜しく感じられてきます。

現在は模写にもとづいて再現された壁画がはめ込まれていますが、この壁画のうち、北二面、東西それぞれの大壁面には、四つの浄土の姿が描かれています。その四つとは釈迦浄土、阿弥陀浄土、弥勒浄土、薬師浄土です。

阿弥陀浄土と言えば、死者が赴く「西方極楽浄土」のことを意味します。ただ、この壁画が描かれた七世紀末の時代には、死後に極楽浄土に往生するという信仰はまだ確立されていませんでした。

つまり、この時代にはまだ『古事記』に記されたように死者は黄泉の国に赴くという土着の信仰が主であって、極楽浄土へ往生するという信仰が広まっていたわけではないのです。

飛鳥時代を経て奈良時代へと移っていくと、仏教に対する信仰はかなり盛んなものになっていきます。この時代の仏教は「国家仏教」と言われますが、寺院が建てられる際には、天皇や皇族、あるいは豪族などの発願《ほつがん》がもとになりました。そして、東大寺の大仏建立のような大事業の際には、国家の力が総動員されました。

国家仏教の時代に、仏教に期待されたのは、基本的に「鎮護国家」ということです。いかに国の平和を保ち、天変地異や戦乱などを避けるかが問題とされました。国家仏教というあり方も、それが関連しています。ただ、豪族などが建立した寺院のなかには、亡くなった夫や妻の菩提《ぼだい》を弔うことを目的としたものもあって、個人的な死と仏教とが結びつく萌芽が見られるようになります。

ただし、仏教が個人の死と密接な結びつきをもつようになるには、「浄土教信仰」の流行と浸透を待たなければなりませんでした。つまり、死者は極楽浄土に往生するのだという考え方が確立されなければならなかったのです。

往生の考え方と末法思想

そこで一つ問題になるのが、「往生」とは何かということです。

往生とは、もともとは悟りを開いて仏になることを意味しました。そこにこそ仏教の本来の目的があるわけで、釈迦が出家をしたのも、生老病死《しょうろうびょうし》のくり返しに伴う苦を逃れ、悟りを開くためでした。

悟りを開いてからの釈迦は、各地を遊行し、教えを説くための旅を続けていった後、八〇歳で亡くなったとされています。その死は、二度と輪廻《りんね》をすることのない「涅槃」としてとらえられました。

日本人も死後の生まれ変わりを信じてきましたが、仏教が生まれたインドの人々が考える輪廻は、次の生まれ変わりにおいて何になるかが分からないという不安を伴うもので、根本的な苦としてとらえられています。仏教の目的も、輪廻のくり返しから逃れ、もう二度と生まれ変わらない状態に至るというところにあったのです。

つまり、悟りを開くということと涅槃とは、二度と輪廻しないということで強い結びつきをもっています。釈迦が涅槃に入ることができたのも、究極の悟りを開いていたからです。こうして涅槃が悟りと結びついたことで、やがて悟りに等しい往生もまた死ぬこと自体と重ね合わされるようになっていくのです。

ただ、日本人の場合には、中国の影響もありますが、インドのような輪廻の考え方を取り入れませんでした。むしろ、よりよいところに生まれ変わるということを往生の目的とするようになっていきます。現実の世の中では、さまざまな苦を経験しなければなりませんが、あの世では、そうした苦から解放された生活を送りたいと願ったのです。

それが浄土教信仰という形をとっていくことになるわけですが、その前提として「末法《まっぽう》思想」の流行がありました。

末法という考え方は、時代を経るにつれて釈迦の教えが衰えていくとするものですが、インドの仏教にはその考え方はありませんでした。インドの人々は、輪廻が永遠にくり返されていくと考えたわけですから、直線的な時間観にもとづいて末法の時代を想定したりはしなかったのです。

末法思想は中国で生まれ、日本に伝えられました。その考え方においては、釈迦が入滅した後の時代は、「正法《しょうぼう》」「像法《ぞうぼう》」「末法」の三つに分けられました。

正法の時代には、仏の教えと修行、そして、悟りのすべてが備わっています。ところが、像法の時代にはそのうち悟りが失われ、末法の時代には修行も失われていきます。末法の時代には、仏の教えだけが残されているものの、悟りをめざして修行することができなくなってしまうのです。

正法は一〇〇〇年、像法はやはり一〇〇〇年、そして末法は一万年続くと日本では考えられるようになります。そして、永承七年、西暦で言えば一〇五二年から末法の時代に入ったとされるようになります。これは、当時のとらえ方では、日本に仏教が伝えられて五〇〇年が経った時点でのことでした。時代としては、平安時代中期から後期にあたります。

末法の時代に入る前、一一世紀はじめには、藤原道長が摂政に就任し、栄耀栄華を極める時代が訪れますが、長元元（一〇二八）年には平忠常の乱、永承六（一〇五一）年には前九年の役が起こり、しだいに世の中は乱れていきます。一二世紀の半ばになると、保元・平治の乱も起こり、平家の政権が生まれることで武士の世へと移っていきます。そうした社会の大きな変化や混乱は末法の時代に入った証拠としてとらえられるようになっていきます。

こうした末法の時代の到来を背景として、乱れた世の中を「穢土《えど》」としてとらえ、その穢土を離れて西方極楽浄土に往生しようとする浄土教信仰が流行するようになります。その際に決定的な役割を果たしたのが、「念仏行」でした。

源信にはじまる念仏信仰

念仏と言うと、今では浄土宗を開いた法然《ほうねん》や浄土真宗を開いた親鸞《しんらん》のことが思い浮かぶかもしれません。けれども、中国からそれをはじめて伝えたのは、天台宗比叡山延暦寺の第三代座主《ざす》となる円仁《えんにん》でした。

円仁は、唐に渡って一〇年近くの歳月を過ごし、現地で廃仏にあって還俗《げんぞく》させられるなど大変な目にあいますが、日本に多くのものをもたらしました。そのなかに、密教の行としての念仏行が含まれていました。

円仁は、念仏行を実践する場として比叡山に常行三昧堂《じょうぎょうざんまいどう》という建物を建てました。そこには、本尊として阿弥陀仏や菩薩像などが安置され、念仏行を実践する行者はその周囲をめぐりながら、念仏を唱え続けるのです。これを「不断念仏」と言いますが、円仁は、これを実践するよう遺言を残しました。

その後、空也《くうや》があらわれて、京の町のなかで念仏行を勧める活動を行います。空也は、「南無阿弥陀仏」を意味する六体の阿弥陀仏を口から吐いている像（京都・六波羅蜜寺《ろくはらみつじ》所蔵）が有名です。これによって、念仏は比叡山という閉じられた世界を出て、開かれた都市へと浸透していくことになります。

それに関連してもっとも重要な役割を果たしたのが恵心僧都源信《えしんそうずげんしん》でした。源信は、紫式部の『源氏物語』に登場する「横川《よかわ》の僧都」のモデルだと言われています。

源信は、横川に隠棲するようになってから浄土教信仰に傾倒するようになり、寛和元（九八五）年には、『往生要集《おうじょうようしゅう》』を著します。

この『往生要集』は、往生のためのマニュアルのような書物でした。そのなかで源信は、人が六道輪廻していく様を詳細に描き出しました。とくに地獄の描写は真に迫ったものでした。それを読むと、なんとしてでも地獄に落ちることを避け、極楽に往生したいと考えるようになります。源信が地獄の描写に力を入れたのも、それを読んだ人間のこころのなかに極楽往生を果たしたいという強い思いを生じさせるためでした。

ここで興味深いのは、源信が極楽往生のためのマニュアルを執筆しただけではなく、それを実践に移したことです。それは、「二十五三昧会《にじゅうござんまいえ》」という宗教的な結社の形をとりました。この結社のメンバーは毎月一五日の夕方に集まりをもって、ひたすら念仏行を実践しました。

しかも、メンバーが重い病気に罹《かか》るなどして死の床についたときには、ほかのメンバーがその枕辺に集い、皆で念仏を唱えました。これから死んでいく仲間の極楽往生を助けるためです。この二十五三昧会は、現代で言えば、ホスピスの役割を果たしたと言えます。

この段階になると、亡くなって西方極楽浄土へ往生を果たすことが宗教的な実践のはっきりとした目的とされるようになりました。人は死ぬことで、黄泉の国のような地続きではあるものの、どこか暗い世界に行くのではなく、阿弥陀仏が温かく迎えてくれる、美しくまばゆい浄土に生まれ変わることができるという信仰が生まれ、人々はその教えに帰依するようになっていったのです。

それによって、死というものは、苦しく避けるべき出来事ではなく、むしろ幸福で歓迎すべき出来事として受け取られるようになっていきます。それだけ、この時代には、現世に生きることにはさまざまな苦がつきまとったのでしょう。

ここに至るまでに、仏教が日本に伝来してからおよそ五〇〇年の歳月が流れているわけですが、それによって仏教は個人の死ということと密接な関係をもつようになりました。

往生伝から来迎図へ

源信のはじめた二十五三昧会に集まったメンバーのなかに、慶滋保胤《よししげのやすたね》という人物が含まれていました。その保胤は、『日本往生極楽記』という書物を残しています。これは、日本の仏教の歴史にあらわれた主な人物を取り上げ、その生涯をたどるとともに、そうした人物がいかに往生を果たしたかを述べたものです。

極楽往生の信仰が広まることによって、亡くなる際に、その人物が往生を果たしたのかどうかが問題にされるようになります。そして、本当に往生を果たしたのなら、そこに何らかの奇瑞《きずい》が伴うと考えられるようになりました。

たとえば、『日本往生極楽記』の一番最初に取り上げられている聖徳太子の場合には、臨終に際して、その妃ともども、「その容《かたち》生きたるがごとく、その身太《はなは》だ香《かぐわ》し。その両の屍を挙ぐるに、軽きこと衣服のごとし」であったとされています。亡くなったのに、まるで生きているようで、あたりにはよい香りが漂い、屍はとても軽かったというのです。

阿弥陀聖衆来迎図（有志八幡講十八箇院蔵）

『日本往生極楽記』の一七番目には空也についても述べられています。空也は、息絶えた後も香炉を捧げ続け、その部屋には音楽が聞こえ、香気が満ちたと記されています。

このように当時は、往生を果たしたならば、通常では起こり得ない奇瑞が伴うと考えられていました。その奇瑞のなかでもっとも重要なのが阿弥陀仏の来迎《らいごう》です。死に逝く者は、西方極楽浄土に往生を果たすわけですが、それがかなうならば、臨終の際に阿弥陀仏が迎えに来るという信仰が生まれました。それを絵画として表現したものが「来迎図」です。

来迎図は、平安時代からあらわれます。その時代の代表的なものに、高野山の有志《ゆうし》八幡《はちまん》講《こう》十八《じゅうはち》箇院《かいん》所蔵の「阿弥陀《あみだ》聖衆《しょうじゅ》来迎図《らいごうず》」というものがあります。これは、縦約二メートル、横約四メートルという三幅対の大きなものですが、中心には金色に輝く阿弥陀仏がいて来迎印を結んでいます。右下には往生する人間を金色の蓮華ですくいとろうとする観音菩薩の姿が描かれ、左下には合掌する勢至《せいし》菩薩の姿が描かれていて、その周囲を雲に乗った二七体の菩薩が囲んでいます。菩薩たちの多くは楽器をもって音曲を奏でています。

さらにこの時代から、来迎図に描かれた場面を演劇的に表現する試みも行われるようになりました。それが「迎講《むかえこう》」と呼ばれるものです。演者は菩薩の装束を身につけ、念仏者が極楽往生を果たしていく様子を演じました。

この迎講は現代にまで伝えられています。それが、「練り供養」、あるいは「お面かぶり」と呼ばれるものです。奈良の當麻寺《たいまでら》や東京・世田谷の九品仏《くほんぶつ》浄真寺のものが有名で、菩薩に扮する人々は装束を身につけた上に菩薩のかぶりものをして練り歩き、来迎の様子を演じるのです。

来迎図が数多く作られるようになるのは、鎌倉時代に入ってからのことです。描き方にも変化が生まれ、動きが加えられるようになります。たとえば、浄土宗の総本山、京都の知恩院所蔵の「阿弥陀二十五菩薩来迎図」では、右下方に描かれた建物のなかでは僧侶が合掌して念仏を唱えていますが、その僧侶を迎えに来た阿弥陀仏と二十五菩薩は、滝のように左上から右下へと流れる雲に乗っています。絵にはスピード感があり、阿弥陀仏が一刻も早く念仏者を極楽往生させようとしている様子が伝わってきます。

あるいは、この時代には「山越阿弥陀図」も多く作られています。これは、山の稜線の上に阿弥陀仏と菩薩たちが姿をあらわしたところを描いたもので、阿弥陀仏は今にもその山を越えて、念仏者のもとへやって来るかのように描かれています。こうした絵を屋敷に掲げた公家や武家の人たちは、自分が臨終を迎えるときには、こうした光景に必ず接することができるようにと、日々その前で念仏を唱えることを怠らなかったに違いありません。

死はすべての終わりではない

鎌倉時代に、念仏さえ唱えていれば極楽往生がかなうとして念仏信仰を広めた法然は、やがて浄土宗の宗祖に祀り上げられますが、その法然の生涯を描いた絵巻物に知恩院所蔵の「法然上人行状絵図」があります。そのなかでは、法然が亡くなる場面も描かれていて、物語全体のクライマックスになっていますが、そこでも阿弥陀仏が来迎する様子が描き込まれています。

仏教が日本に伝えられた時点では、浄土という観念はあっても、亡くなる際に阿弥陀仏のいる西方極楽浄土に往生するという考え方はまだ確立されていませんでした。時代を経るにつれて、仏教の信仰が個人的なものになっていくと、しだいに西方極楽浄土のイメージが鮮明なものになり、それと並行して念仏信仰が高まっていきます。念仏信仰は、極楽への往生を可能にする方法として貴賤を問わず大いに歓迎されました。

浄土信仰が確立されることによって、死についての考え方自体が根本から変わっていきます。

亡くなった後、この世界と地続きの黄泉の国へ赴くというのであれば、死は、たんに個人の生命の終わりでしかありません。

ところが、西方極楽浄土への往生という道が開かれることによって、死は生命の終わりではなく、より積極的な意味をもつようになります。むしろ、往生を果たすことこそが目的となり、死は重要な意味をもつことになったのです。

死はすべての終わりではなく、極楽での至福の生活のはじまりとしての意義をもつようになりました。死は避けるべきものから、むしろ歓迎すべきものに変化したのです。

その感覚は、現代の私たちのなかにも生きています。私たちが、たとえ特定のお寺の檀家になっていなくても、葬儀に仏教式を選ぶのは、死者を極楽へと導くためには仏教の力を借りなければならないと考えるからでしょう。たしかに、仏教式の葬儀は、死者を極楽往生させるための道筋を儀式のなかに表現したものになっています。

私たちは、死者を見送るとき、何もない無の世界に向かっていくと考えるのではなく、極楽浄土へと旅立っていくと考えます。もちろん、現代の私たちは、極楽というものが、この世と同じ形で存在しているとは考えていないかもしれませんが、そうした世界がまったくないと考えているわけでもありません。

宗教が必要とされた第一の理由は、死を意味づけ、それを無意味なものとはしないということにあります。私たち日本人は、仏教が伝来してから長い年月をかけて西方極楽浄土についての信仰を築き上げ、なんとか死に意味を与えようとしてきたのです。

もし日本に仏教が伝えられず、神道しかなかったとしたら、果たして神道の枠組みのなかで死を十分に意味づけることはできたでしょうか。それはかなり疑問です。

神道の世界でも、江戸時代の終わりになると、仏教に対抗する形で、神道式の葬儀である「神葬祭」が作られました。一部では、神葬祭を営んでいる地域もありますが、それは全国的には広まりませんでした。

神道では、古代の信仰を重視し、死者は黄泉の国に赴くと考えます。ところが、黄泉の国は、西方極楽浄土ほど魅力的なものには感じられません。そこに、神葬祭が広まらなかった根本的な原因があるのではないでしょうか。

キリスト教の死生観

ここまで、主に日本でのことについて述べてきましたが、では、仏教や神道以外のほかの宗教では、死はどのようにとらえられているのでしょうか。

インドにおける輪廻の考え方についてはふれましたが、ここからは、世界でもっとも信者数の多いキリスト教について考えてみましょう。キリスト教においても死ということはとても重要な意味をもっていて、信仰の核心に位置づけられています。

ただ、キリスト教における死のとらえ方は、ここまで述べてきた日本仏教のものとは大きく異なっています。

それは、なんと言っても、この二つの宗教の開祖の死のあり方が大きく違うからです。

釈迦とイエス・キリストが、本当にどういった生涯を送ったのかは、同時代の資料がないので、必ずしも定かではありませんが、仏教の信者は、釈迦は悟りを開いた後、各地を遊行して自らの教えを伝え続け、およそ八〇歳で亡くなったと考えてきました。また、キリスト教の信者は、イエスは三〇歳頃に十字架にかけられて殺された後、復活したと考えてきました。

釈迦とイエスが亡くなった年齢は大きく違いますし、死に方も対照的です。釈迦の死は、天寿をまっとうしたような穏やかなものです。だからこそ、仏教における涅槃は人生における達成としてとらえられてきたわけです。

一方、イエスの場合は罪人としての死ですから、それは酷《むご》たらしいもので、とても人生における達成という形では意味づけられないものでした。

しかし、イエスの死後にその弟子となったパウロは、イエスが死んで復活したということを信仰の核心に据えました。それによって最後の審判のときに人類全体の救済が果たされるという教えを確立し、それを説くことでキリスト教を広めていきました。こうして、イエス自身の死も、イエスを救世主として信じる人々の死も、無意味なものではなく、宗教的な意味を担ったものとして意味づけられていったのです。

死者が赴く世界は、仏教では西方極楽浄土ですが、キリスト教では天国です。どちらも、すばらしい世界で、死者はそこにおいて幸福を永遠に享受できるとされています。

ただ、誰もが無条件で浄土や天国に行けるわけではありません。その前には、裁きが待っています。仏教では、これは中国の民間信仰がもとになっていますが、閻魔《えんま》大王が待ちかまえていて、生きているときの行いがよい者には極楽へ行くことを許すが、行いの悪い者には地獄行きを命じるとされています。

一方、キリスト教では、最後の審判のときが訪れると、イエスがふたたび地上にあらわれると考えられています。これは、「再臨」と呼ばれます。天の世界から救い主が地上に降りてくるという点では、弥勒菩薩の下生や阿弥陀仏の来迎とも似ています。

再臨したイエスは、すべての死者を蘇らせ、天に召して永遠の生命を与える者と地獄に落ちる者とを選別します。イエスが閻魔大王の役割を果たすわけです。

仏教の場合には、裁きは個々の人間が亡くなったときに個別に行われるもので、死ねばすぐに裁きが待っています。これに対して、キリスト教では、裁きは個別には行われません。裁きが行われるのは最後の審判のときが訪れたときで、人類全体の裁きが一挙に行われることになります。

ただし、これは後のキリスト教において重要な問題ともなっていくのですが、最後の審判のときはなかなか訪れませんでした。今の時点で、イエスが亡くなってからすでに二〇〇〇年が経過しているわけですが、未だにそれは訪れていません。キリスト教が生まれ、それがローマ帝国の内部に広がりはじめた時代にキリスト教を広めた使徒たちは、すぐにでも最後の審判が訪れると説いてまわりましたが、その約束は果たされなかったのです。

その点では、キリスト教徒は中途半端な状態におかれたままだと言うことができます。そのために、キリスト教のカトリックの世界では、やがて「煉獄」の考え方が生まれます。煉獄は、天国と地獄の中間にあるもので、地獄に落ちるほど重大な罪を犯してはいないものの、浄化する必要のある軽微な罪を犯した者が行くところとされました。

カトリック教会は、その浄化のためには、死者のために祈るだけではなく、教会に施しをする必要があると説くようになります。これは日本の仏教でも見られます。仏教では、「追善」という考え方がとられ、死者をすみやかに往生させるためには、残された者が供養を絶やさず、お寺に対して布施をする必要があると説かれました。

教会やお寺の経済を考えて、こうした仕組みが作られていったわけですが、キリスト教でも、いっこうに訪れない最後の審判のことは棚上げされ、この世における善行と悪行によって天国に行けるか、地獄に落とされるかが決まるとされるようになっていったのです。

では、キリスト教に次いで信者の数の多いイスラム教の場合はどうでしょうか。

イスラム教では、イスラム教原理主義過激派と呼ばれる人たちが、自爆テロを敢行し、そうした行為は一部の人々から「聖戦（ジハード）」として信仰にかなったものと見なされました。自爆した人間は、すぐに天国に召されるとも言われました。

その点で、イスラム教には、自爆テロを正当化する教えがあるかのようにとらえられました。しかし、イスラム教では、本来自殺は禁じられています。というのも、人間の生死というものは、絶対的な神によって定められるという信仰があるからです。

教えに殉じることは、「殉教」と呼ばれます。自爆テロも、この殉教の一種と見ることもできますが、むしろ殉教を重要視してきたのはキリスト教です。それも、イエス・キリストが十字架にかけられて殺されたことが、キリスト教の出発点になっているからです。

イスラム教では、キリスト教や仏教とは異なり、開祖であるムハンマドの死は特別なものとは見なされていませんし、そこに宗教的な意味があるともとらえられていません。それは、ムハンマドが最後の預言者とはされているものの、あくまで俗人であり、イエスのように神の子と位置づけられてはいないからです。釈迦のように、悟りを開いたともされていません。

したがって、イスラム教における死のとらえ方は、開祖の死とは結びつけられていません。その分、死そのものは、キリスト教や仏教に比べて、信者の信仰生活においてそれほど重要性をもっていません。

イスラム教は、ユダヤ教やキリスト教に比べて後発の宗教で、この二つの宗教の影響を色濃く受けています。そのため、最後の審判の考え方も受容されています。けれども、神の子、イエスの死と復活についての信仰などがないために、キリスト教ほどそれが重視されてはいません。

そこに、イスラム教のキリスト教や仏教との違いがありますが、ではイスラム教で何が本質的なことと見なされているかについては、第四章で取り上げることにしましょう。

第二章 宗教体験の魅力は大きい

漱石の『門』に描かれた宗教体験

この章で考えてみたいのは、宗教体験という側面です。第一章では、死ということが宗教を必要とする重要な要素だと述べましたが、実は宗教体験もまた、死ということと深く関係しています。その点については、この章の後の部分でふれていくことになります。

宗教の世界においては、さまざまな形で体験ということが重要な意味をもってきます。宗教は、教えの体系であるわけですが、それがたんに抽象的なレベルにとどまっているあいだは、その宗教を信じる人々のこころに深くかかわってはきません。体験というものを通して、神の実在を信じたり、ある教えの価値を認識するようになるのです。

そして、宗教体験は、それを経た人間を変えていきます。教祖的な人物は、独自の宗教的な体験を経ることによって新しい宗教を開くことになります。その体験を通して、それまで知らなかった世界を知り、それをほかの人に伝える活動をするようになるのです。

それは、教祖的な人物に限られません。一般の信者もまた、教祖と同じような体験をしようと望み、それで修行を実践したりします。教えに対して確信を得るには、それを裏づける何らかの体験を必要とするからです。

特定の宗教の信者ではなくても、特別な体験を経て、考え方が根本から改まるということがあります。体験を通してものの見方が一八〇度変わったりするのです。そうした体験は、必ずしも宗教体験としてはとらえられないかもしれませんが、体験の仕方や中身には共通したものがあります。

では最初に、具体的な宗教体験の例をあげてみることにしましょう。宗教体験のなかでも、もっともシンプルなものです。

日本の近代作家のなかで、今でも大きな影響を与え、その作品が広く読まれているのが夏目漱石です。漱石の作品は、現在ほとんどが文庫本で手に入り、気軽に読むことができますが、そうした作家はほかにはいません。二〇一六年になると、漱石が亡くなってから一〇〇年が経ちますが、漱石は今でも「生きた作家」なのです。

その漱石の作品のなかに『門』という小説があります。この『門』という作品は、それに先立つ『三四郎』と『それから』に続くもので、この三作は前期三部作と呼ばれています。『それから』では、主人公の代助と人妻の三千代とのあいだの道ならぬ恋の問題が扱われましたが、『門』では、その結果、世間から隠れるようにして生活するようになった夫婦の生き様が描かれます。

『門』の主人公は、代助ではなく宗助ですが、宗助はあるとき、会社の同僚の知り合いに紹介され、鎌倉にある禅の道場を訪れます。そこで参禅を試みるのです。

禅には、「公案」というものがあります。これは、禅の指導者である老師が、弟子に対して、常識では答えられないような問いを与えるものです。宗助は禅堂の老師から、「父母未生以前本来の面目は何だか、それを一つ考えてみたら善かろう」と言い渡されます。

これは有名な公案で、『無門関』という公案を集めた書物のなかに出てくるものです。自分の両親が生まれていない段階で、いったい自分はどういう状態にあるのかと問われているわけですから、普通に考えても、答えようがありません。

宗助は、初心者なので、線香を立て、それで時間をはかって休みを入れながら、少しずつ坐禅をするように勧められます。そこで、その通りにして、公案について考えてみるのですが、どこからどう考えていいものか、さっぱりわかりません。彼の頭のなかには、さまざまなことが浮かんでくるだけです。そのときの様子について、『門』のなかでは、次のように描かれています。

「彼の頭の中を色々なものが流れた。そのあるものは明らかに眼に見えた。あるものは混《こん》沌《とん》として雲の如くに動いた。何所から来て何所へ行くとも分らなかった。ただ先のものが消える、すぐ後から次のものが現われた。そうして仕切りなしにそれからそれへと続いた。頭の往来を通るものは、無限で無数で無尽蔵で、決して宗助の命令によって、留まる事も休む事もなかった。断ち切ろうと思えば思う程、滾々《こんこん》として湧いて出た」

宗助は、そこで怖くなってしまいます。頭のなかが混乱していて、しかも次々ととりとめもないことが浮かんでくるからです。ところが、線香の方に目をやると、まだ半分しか燃えていません。さほど時間が経っていないのです。

しかたなく宗助はまた考えはじめます。すると、色のあるものや形のあるものが頭のなかを通り、蟻の群れのように動いていきます。坐っているのですから、からだはじっとしているのですが、こころの方は「切ない程、苦しい程、堪えがたいほど動いた」というのです。

宗助は、それで坐ることをやめてしまいます。寝ころがると、疲れから深い眠りに落ちてしまいます。宗助は、禅堂にその後も滞在して、坐禅をくり返しますが、そこでどういった体験をしたか、小説のなかでは描かれていません。

宗助の体験は、宗教体験と呼べるほどはっきりとしたものではありません。参禅を通して、何かをつかんだわけでもなければ、自分の悩みが解消できたわけでもありません。

しかし、宗助が、坐禅を通して、普段とは異なる体験をしたことは間違いありません。彼は、自分のこころのなかからさまざまな事柄が溢れ出てくるのを実感しました。そして、それを怖いと感じたのです。それは、自分というものをそれまでとは違う存在として見ることにつながったのかもしれません。

漱石自身の体験

宗助という名は、作者である漱石の名に似ています。漱石は「号」で、本名は金之助です。実は漱石は、宗助と同様に鎌倉の禅堂で参禅を体験したことがありました。それは、『門』を書く一五年ほど前のことです。大学を卒業したばかりの漱石は、そのとき就職先を探していました。つまり、将来について迷いがあった時代に参禅しているのです。

漱石は、参禅した直後に、友人に対して、それによっては何も得ることができなかったと書き送っています。でも、その一五年後に、そのときした（あるいは、したであろうと言うべきかもしれません）体験を小説に描いているのですから、それがこころのなかでずっと引っかかっていたことは間違いないでしょう。あるいは、そのまま参禅を続けていたら、何かを得ることができたのではないかという思いが、漱石のなかにあったのかもしれません。

漱石は、アメリカの心理学者であるウィリアム・ジェイムズという人物に強い関心をもっていました。漱石の処女作である『吾輩は猫である』にも、ジェイムズは「ゼームス教授」として登場します。ジェイムズは、人間の意識のなかにあらわれる絶え間のない移ろいやすい思考や感覚を「意識の流れ」と呼びました。漱石は、参禅のときの体験を、この意識の流れとして『門』のなかで描き出したのです。

この意識の流れは、やがて小説の技法として用いられるようになります。その源流となったのが、ジェイムズの弟で小説家だったヘンリー・ジェイムズです。ヘンリーは、『デイジー・ミラー』や『ねじの回転』、『鳩の翼』といった作品を書いています。それ以降、多くの作家がこの技法を使って小説作品を作り上げていくようになります。

この意識の流れを「純粋体験」と名付けたのが、『善の研究』で名高い哲学者の西田幾多郎です。西田も、漱石と同様にジェイムズの影響を強く受けています。しかも西田は、故郷の金沢や京都でくり返し参禅を体験しています。『善の研究』では、禅のことについてまったくふれられていませんが、西田が参禅の体験をもとにして独自の哲学を築き上げていったことは間違いありません。

意識の流れにしても、純粋体験にしても、それは、どの宗教においてもあらわれるもっとも原初的で素朴な宗教体験です。宗助の体験がそうであるように、そうした体験は混沌としていて、そこにどういった意味があるのか、本人にもはっきりとは分かりません。

それが宗教体験と言えるほど明確な体験になっていくためには、その体験を意味づける教えの体系を必要とします。体験のなかにあらわれたものを、神なり、仏なり、あるいは悟りなりとしてとらえる枠組みがなければ、それは信仰に結びついてはいきません。

禅には「不立文字《ふりゅうもんじ》」ということばがありますが、真理は文字にしては表現できないという立場をとっています。だからこそ、公案という形で、常識では答えられない問いを与えて、それを考えさせ、坐る者を混沌とした世界に導いていくわけです。その点で禅は、他の宗教とは異なり、教えを与えるのではなく、それとは正反対の道を示すものだと見ることもできます。

宗教体験の宝庫

夏目漱石と西田幾多郎がともに影響を受けたアメリカの心理学者、ウィリアム・ジェイムズには、宗教体験を集め、それを分析した『宗教的経験の諸相』（桝田啓三郎訳　岩波文庫）という書物があります。

これは、ジェイムズがイギリスのエジンバラ大学に招かれて一九〇一年と一九〇二年に行った講義をもとに書かれたものです。ジェイムズが講義の依頼を受けたのは一八九六年のことで、彼はそれから五年をかけて事例を集め、それをもとに講義を行いました。その点では、周到に準備された講義でした。

『宗教的経験の諸相』は、今日でも宗教学、あるいは宗教心理学の古典として読み継がれています。それというのも、豊富な宗教体験の事例がそのなかで紹介されているからです。

たとえば、一六世紀の神秘家、アビラの聖テレジア（聖女テレサ）は、自らの宗教体験について、「或る日、祈っていたとき、万物が神のなかで見られ神のなかに含まれていることを一瞬間のうちに知覚することが、私に許された。私は万物をそれぞれ固有の形で知覚したのではなかったが、それにもかかわらず、万物について私のもった眺めは、この上なく明瞭なもので、私の魂にいきいきと印象されていつまでも残っている」と述べています。

翻訳が古く、また抽象的で分かりにくいところがありますが、もう一つ、一四歳で「回《かい》心《しん》」を遂げたスティーヴン・H・ブラドリーという無学な男の体験を見てみることにします。

しょう。こちらの方が、もう少し具体的です。

「私は、信仰によって、救い主が、人の姿をして、およそ一秒間、部屋のなかにあらわれ給い、両腕をひろげて、来たれ、と私に言い給うのを見たと思った。翌日、私はおののきながら喜んだ。すぐそのあとで、私は死にたいと言ったほど、私の幸福は大きかった」

こちらの事例では、はっきりと救い主、つまりはイエス・キリストの姿を見たとされています。これは、宗助がしたような、混沌としていて意味の分からない体験とは異なります。

救い主があらわれたということは、それを体験した人間は、神によって選ばれ、根本的に救済される可能性が出てきたことを意味します。そして、体験した本人は、それを通して、自分の罪深さを自覚するようになっていきます。というのも、キリスト教では、原罪が強調され、人間は罪深い存在としてとらえられているからです。宗教体験は、その点を自覚させるきっかけになっていきます。

ジェイムズは、こうした事例をもとに考察を進めていき、宗教体験をする人間は、「病める魂」の持ち主であるととらえました。この病める魂の対極にあるのが「健全な心」です。健全な心の持ち主は、世界の楽しい面だけを強調し、暗い面に思い煩うことがないという気質を備えています。逆に病める魂は、むしろ悪を本質的なものととらえ、それが自分の内側にあると考えます。健全な心が楽観論であるとするなら、病める魂は悲観論であるということになります。

健全な心の持ち主は、そのまま変わることなく幸福な生涯を送っていくことができますが、病める魂の持ち主は、この世を支配する悪や、自らの内側にある罪の問題に悩み苦しみ、そこから神を求め、神と出会うという宗教体験に行き着きます。これが、回心の体験になるわけです。

健全な心の持ち主は、生涯変わらないわけですから、それは「一度生まれ」型としてとらえることができます。一方、病める魂は、回心を経験するときに、いったん死に、新しい人間として生まれ変わるので、「二度生まれ」型としてとらえられます。

宗教の一般の信者の場合には、言われたことをそのまま信じていて、自分が罪深いと感じることなく、そのまま人生を送っていきます。回心を経験することもなければ、その必要もないわけです。

ところが、宗教家をめざすほど、信仰に対して強い関心を抱く人間は、自分を罪深いと考え、そこからの救済を求めます。そして、悩み苦しみ、その結果回心に至ることになります。教祖に祀り上げられるような特異な人間はその代表になりますが、宗教家のほとんどは「二度生まれ」型になります。

この章の最初に、宗教体験が死の問題と深くかかわっていると述べましたが、「二度生まれ」型の人間は、いったんは象徴的に死を体験し、そこから新しい人間として蘇っていきます。宗教体験によって、その人物が大きく変わっていくのも、この死と再生を経ていくからです。

教祖は本物なのか

ただし、「二度生まれ」型が経験する回心体験には難しい問題がつきまといます。その体験が本物なのかどうか、それを証明することが容易ではないからです。その人間の前にあらわれたのが本当に神なのか、それとも神と姿を偽った悪魔なのか、それを区別することは相当に難しいことなのです。

そこでジェイムズは、宗教体験が本物であるかどうかを区別する基準として、「聖徳」あるいは「聖者性」ということを持ち出しました。宗教体験の価値は、それを経験した人間が、どのように変化するか、つまりは、禁欲的で、清らかで、慈悲深い存在に生まれ変わるかどうかで決まるとしたのです。

本物の宗教体験をした人間は聖者に等しい存在になるけれども、偽の体験をした人間はそうはならない。たしかにそれは宗教体験の価値を判断する一つの基準になりそうですが、問題は残されています。

たとえば、教祖と呼ばれるようになる人たちの宗教体験について考えてみましょう。

その教祖を神のような存在として崇め祀っている人間にとって、つまりは信者にとってということですが、教祖の宗教体験や振る舞いはこの上なく神聖なものとしてとらえられます。

ところが、信者ではない人間、たとえば、一般の人々やそれを報じるメディアの側からすれば、それは、偽りのものであったり、常軌を逸したものとして解釈されます。

具体的な例をあげてみましょう。

日本の新宗教の先駆けとなったのは、今の奈良県天理市に誕生した天理教です。天理教の教祖となったのは中山みきという女性で、教団のなかでは、「親神」と呼ばれ、神が地上にあらわれたものとしてとらえられています。

ところが、天理教が、周辺の地域や大阪で広がりを見せはじめていた明治一四(一八八一）年に、ある新聞が天理教を揶揄《やゆ》するような記事を掲載しました。それが、『大阪新報』という新聞の七月一七日付の記事になります。それでは、その頃、大和国丹波市（現在の天理市のことです）のあたりに奇怪な老婆があらわれ、自ら転輪王帝と称していたと述べられています。その老婆は、昼間はどこかに潜伏していて姿を見せませんが、夜中の一二時を過ぎると忽然とあらわれ、白衣をまとって白髪を振り乱し、あたりを徘徊しながら、「万代《よろずよ》の世界を一れつ見はらせば、棟《むね》の分かれた物がないぞや」といったことばを吐いているというのです。

さらにその老婆は、自分を信仰する者には、一五〇年の長命を授けると言い放っているため、近くの「愚民」たちは、この老婆を神女《しんにょ》や仙人として考え、一心不乱に信仰している者は、すでに三〇〇名以上にのぼっているというのです。大阪にも信者は二〇〇名以上いて、そのうち五〇人は丹波市へ向かい、老婆を拝んで、日夜その守護をしているというそれが記事の中身でした。

これは、誕生したばかりの新しい宗教をメディアが扱うときの典型的な報じ方とも言えますが、信者たちは、この時代のみきが盛んに神憑《かみがか》りをしていたと伝えています。

それは、信者たちのあいだで、「お出まし」と呼ばれていました。お出ましは、夜中の一時や二時に起こることもあり、そのときのみきは「からとにほん」とか、「よし、心してきけ、後で後悔なきように」と言ったといいます。信者は、それを書き取っていきましたが、同じようなことがくり返されたときには、そのまま寝てしまったとも伝えられています。

このように、同じ神憑りの体験を、信者たちは神があらわれた徴《しるし》として受け取っていましたが、新聞などのメディアは、常軌を逸した証拠としてとらえました。信者は、お出ましをくり返すみきを信仰することによってご利益《りやく》を得ることができると考えていましたが、新聞はそれを迷信としてしかとらえなかったのです。

これは、天理教に限らず、あらゆる宗教について起こり得ることです。同じ事実が、信仰の有無によってまったく異なる価値をもつものとして受け取られていきます。信者には神聖なことでも、メディアの側には迷信にしか過ぎません。

あるいは、メディアではなく、それとは別の宗教を信じている人にとっても、ほかの教団の教祖の体験は、悪魔や狐がついた偽りのものとしてとらえられ、その教祖は人を騙しているだけだと受け取られます。ここに宗教体験を評価するときの根本的な難しさがあります。

ジェイムズが聖徳の概念を持ち出すことによって宗教体験の価値をはかろうとしたのは、彼が取り上げた事例のほとんどがキリスト教の枠のなかで起こった体験だったからでしょう。とくにジェイムズは、キリスト教の神秘家の体験を高く評価していました。そうした神秘家については、すでに一定の評価が確立されています。もしジェイムズが、評価の定まっていない新宗教の教祖の体験を取り上げたとしたら、そのこと自体が物議をかもすことになったに違いありません。

回心の重要性

宗教体験の価値をどのように評価するかという難しい問題は残されていますが、ジェイムズの『宗教的経験の諸相』のなかで述べられていることのなかで、私が一番注目したいと思うのは、「二度生まれ」型について述べられた部分です。ジェイムズは、病める魂は、回心を経ることによって、生まれ変わりの体験をすることになると考えました。

ジェイムズは、病める魂の生まれ変わりについて次のように述べています。「回心する、再生する、恩恵を受ける、宗教を体験する、安心を得る、というような言葉は、それまで分裂していて、自分は間違っていて下等であり不幸であると意識していた自己が、宗教的な実在者をしっかりとつかまえた結果、統一されて、自分は正しくて優れており幸福であると意識するようになる、緩急さまざまな過程」のことをさすというのです。

ここでは、回心が起こる際に、宗教的な実在者をしっかりつかまえるようになると説明されています。この宗教的な実在者とは、基本的に神のことをさしています。キリスト教の世界においては、神との出会いということが回心に結びつく大きな動機になります。

ただし、仏教のような東洋の宗教の伝統では、生まれ変わりを遂げる際に、必ずしも神との出会いを必要としません。むしろ、そうした体験を含まないのが普通です。

たとえば、釈迦の例で考えてみましょう。

伝承では、王家の王子に生まれた釈迦は、妻をめとり、子どもをもうけたものの、生老《しょうろう》病死《びょうし》にまつわる苦を避けることができないと考えるようになり、悩み苦しんだ結果、出家するという道を選んだとされています。

妻や子どもがいるのに、それを捨てて家を出てしまうというのは、ある意味、無責任な態度ではありますが、インドには昔から出家の伝統があって、それは現在でも受け継がれています。

出家した釈迦は、最初、宗教的な指導者である師について修行を重ねます。そして、相当に厳しい苦行にも手を染め、がりがりにやせ細ってしまいました。

ところが、それでも釈迦が求めていた生老病死の苦しみから逃れることはできませんでした。いっこうに悟りが訪れないのです。そこで釈迦は、苦行によっては悟りに至ることができないと考えるようになり、思い切ってそれを中止します。

そして、たまたま出会った少女から乳粥《ちちがゆ》の施しを受けた後、菩提樹《ぼだいじゅ》の下で瞑想に入ります。ところが、釈迦が悟りを得ることを妨害しようと魔物があらわれ、さまざまな形で誘惑してきます。釈迦は、魔物を退けるために一昼夜にわたって激しい戦いをくり広げ、ついにそれに成功し、それによって悟りを開くことになります。

仏教の世界では、この釈迦の体験を「成道《じょうどう》」と呼びます。成道を果たした釈迦は、最初、自分が達した悟りの境地はあまりにも高度なもので、ほかの人間には説明できないと考えますが、そこに梵天、つまりはインドの神のブラフマーがあらわれ、説得した結果、釈迦は自らの教えを説いてまわることに同意し、生涯にわたって説法の旅を続けることになります。

病める魂をかかえた釈迦にとって、成道の体験は自己の生まれ変わりにほかなりませんでした。菩提樹の下で瞑想に入る前の釈迦と、成道を果たした後の釈迦とでは、人間としてのあり方が根本から変わってしまったのです。

その際に、釈迦は魔物に襲われ、苦しめられますが、神と出会ったわけではありません。そこが一神教の世界とは異なります。むしろ釈迦のなかに新たな認識が生まれ、それによって、それまでばらばらであったものが一つに統一されていったのです。東洋の宗教的な伝統では、生まれ変わりに際して、神との出会いは不可欠なものではないのです。

イニシエーションとしての体験

釈迦とは反対に、イスラム教のムハンマドの場合には、神との出会いが決定的な意味をもちました。

ムハンマドは、六世紀から七世紀にかけての人物ですから、釈迦よりは一〇〇〇年以上時代は新しくなります。しかし、その生涯がどういったものだったのか、やはりそれほどはっきりとは分かっていません。

どうやらムハンマドも、病める魂の持ち主だったようで、商人をしていたものの、あるときから深い悩みにとりつかれ、洞窟のなかで瞑想を行うようになったと言われています。瞑想を続けていると、彼の前には大天使ジブリール（ガブリエル）があらわれ、啓示を受けます。ムハンマドは、それから神による啓示を周囲に伝えるようになり、それがイスラム教という新しい宗教の出現へと発展していきました。

ムハンマドは、一神教の伝統のなかにいました。イスラム教が生まれる以前、アラビア半島にはユダヤ教徒やキリスト教徒がいて、ムハンマドもその影響を受けました。だからこそ、イスラム教の聖典であるコーランには、モーセやイエス、マリアが登場するのです。そして、ムハンマドにとって決定的な出来事は、ジェイムズの言う「宗教的な実在者」との出会いでした。

このように、宗教的な伝統によって、宗教体験の中身には大きな違いが生まれてきます。ただ、どちらにしても体験をする人間は、それを契機に生まれ変わりを果たします。それまでの古い自己が死に、新たな自己として再生されていくのです。ジェイムズの言う「二度生まれ」型は、宗教の違いを超えた普遍的なものなのです。

生まれ変わりの体験は、「イニシエーション」と言い換えることができます。イニシエーションとは、子どもが大人になるための成人式や、新しく信者になって教団のメンバーになる入信の儀式を意味します。その際に重要なことは、当事者は必ず精神的な変化を経験するということです。

今の日本の社会で行われている成人式は形骸化していて、若者がはじめて晴れ着を着る機会にしか過ぎなくなっています。しかし、伝統的な社会では、子どもと大人とは厳格に区別されていて、成人式を経て大人の仲間入りをすることが、その個人の人生において決定的に重要な出来事とされていました。

イニシエーションにおいては、何らかの試練が課されます。狩猟を行っている社会においてなら、大人は独りで狩りを行う力を備えていなければなりません。そこで、成人式の対象になった若者には、単独で狩りをして獲物をしとめるといったことが試練として課されます。

病める魂の持ち主は、徹底して悩み苦しむという試練を与えられているのだと考えることができます。釈迦の成道に至るまでの物語は、試練を克服していくまでの物語でもあります。試練を克服するためには、それまでの自己の枠を超え、果敢に新たな自己への生まれ変わりを果たしていかなければならないのです。

イニシエーションは一度ではない

この章の最初に、夏目漱石の小説『門』の主人公、宗助の禅の体験についてふれました。

それは漱石自身の体験でもあったわけですが、それを通して宗助も、そして漱石も生まれ変わりの体験をしたとまでは言えません。その体験は、宗教体験の基礎となるものではあるかもしれませんが、生まれ変わりの体験になったとまでは言えませんでした。漱石自身の参禅後の感想が、そのことを示しています。それはやはり、参禅のなかではイニシエーションに不可欠な試練を克服するということが起こらなかったからです。

漱石の小説の登場人物は、現実の生活のなかでさまざまな試練に遭遇します。宗助にとっては、なんと言っても、自分の親友の妻を奪ってしまったという事実が影を落としていて、その罪悪感からなかなか逃れることができません。禅に救いを求めたのも、それがあるからです。

『門』の作品全体を通して、宗助がイニシエーションを果たしたかどうかは必ずしも明確ではありません。彼は最後まで罪悪感から解放されてはいないようにも見えます。

それは、ほかの漱石の作品にも共通して言えることです。『坊っちゃん』などは、青春文学の傑作として評価されていて、四国の中学校に赴任した主人公が、悪い赤シャツなどを懲らしめる痛快なドラマであるかのように一般には受け取られています。

ところが、『坊っちゃん』を改めて読んでみると、どうもイメージとは違うという印象を受けます。坊っちゃんは、たしかに最後には赤シャツを懲らしめますが、そのまま中学を辞めてしまい、東京に戻ってきてしまうのです。

何より、四国の中学での日々を経験することで、坊っちゃんが精神的に成長したかがはっきりしません。『坊っちゃん』は、主人公のイニシエーションを描いた作品だと言えるのかどうか、実はその点はかなり問題なのです（この『坊っちゃん』の問題点については、詳しくは拙著『誰も知らない「坊っちゃん」』〈牧野出版〉で分析しています）。

漱石は、現実はそれほど簡単なものではないと言いたかったのかもしれません。たしかに、一度イニシエーションを果たし、自分は変わったという自覚を得たとしても、また別の出来事に直面して、新たな悩みをかかえたりします。

伝統社会における成人式も、それは出発点にしか過ぎません。成人式で与えられる試練を克服して、大人とは認められても、まだまだ本人は未熟です。それに、与えられる試練は一種のシミュレーションで、現実のものではありません。それを克服しても、現実の生活のなかでくり返し困難な状況に出会い、そのたびにそれを克服していかなければならないのです。

その点で、イニシエーションはたった一度のものではなく、永遠にくり返されるものだとも言えます。物語や伝承の世界では、一度のイニシエーションで、その人間は根本的な変化を遂げ、それ以降揺らぐことがないかのように描かれています。しかしそれはあくまでもお話の世界でのことで、一度イニシエーションを果たせば、それ以降はすべてうまくいくというわけではないのです。

漱石は、そのあたりのことをはっきりと認識していたことでしょう。漱石自身、イギリスに留学したときには、かなり厳しい試練に直面しました。当時の日本は、まだ欧米の先進国にはまったく追いついていない状態で、経済的にも十分な豊かさを実現してはいませんでした。

そのために、留学中の漱石は、限られた留学資金のなかから大量の本を購入してイギリス文学についての勉強を続けなければなりませんでした。食事に使う金を削ってでも、それを本代にあてなければなりませんでした。そんな状況では、気晴らしなど簡単にはできません。そのなかで、漱石は神経を病んでいきます。留学生としての責任を果たさなければならないということが重圧になり、漱石はそれに押しつぶされそうになったのです。

漱石にとって、これは人生最大の試練だったかもしれません。帰国して書いた『文学論』などを読むと、いかに彼が英文学を究めようとして苦闘していたかが分かります。実にさまざまな文献にあたっているからです。そして、帰国した後も、小説家として多くの読者を獲得できるような作品を書こうと懸命の努力を続けます。その結果なのでしょう、大きな病にも罹《かか》りました。漱石の人生全体が試練の連続でした。だからこそ、漱石は、「二度生まれ」型について言及したジェイムズにこころひかれたのではないでしょうか。

生涯を通しての修行

イニシエーションは、人生に一度のことではありません。だからこそ、禅の宗派である曹洞宗を開いた道元は、禅堂で生活する雲水の生活全体を修行として位置づけたのです。道元は、坐禅を組むことだけではなく、食事を作ることや、それを食べること、さらには風呂に入ることや便所を使うことにまで一定の作法を定め、それぞれの行為をまっとうすることによってこそ悟りの世界が開かれていくと説きました。

道元自身は、宋に渡ったとき、付き添っていた日本人の老師が途中で亡くなってしまったために、中国の禅僧について修行を重ね、その師から悟りを開いたという「印可」を得ました。そして、自らの悟りの体験を「身心脱落《しんじんだつらく》」と呼びました。

その悟りの体験は、本人にとって重要なものではあったにしても、それだけで修行が完成するわけではありません。道元はそのように考えたことでしょう。道元の説法を集めた『永平広録《えいへいこうろく》』という書物のなかには、宋から帰国したときのことを振り返って、自分は何ももたずに帰ってきたのであって、自分に仏法などまったく備わっていないと述べたことが記録されています。

もし道元が、身心脱落の体験を決定的なものとして、それにとらわれてしまえば、それ以上の進歩はありません。道元は、それではだめだと考えたのでしょう。そこから、生涯を修行として生きる道を求めたのです。道元は、自らの生涯全体をイニシエーションの過程としてとらえたのです。そして、彼の後を継ぐ者たちにそれを教えるため、生きるということにそのまま修行としての意味を与える、独自のシステムを築き上げていったのです。

そこには、宗教体験を他者に伝えることの難しさということもかかわっています。

悟りを開いた釈迦が、その内容をほかの人間に伝えることに躊躇したという話は、おそらくそのことと関係していることでしょう。道元が、修行のシステムを開発したのも、それは、自らの悟りの体験をことばにして表現することはできないと考え、雲水たちに自分と同じ体験をさせようとしたからではないでしょうか。それは、公案の場合にも共通しています。

エクスタシーとしての宗教体験

これに関連してもう一つ例をあげることにしましょう。

第一章で、念仏信仰のことについてふれましたが（31ページ参照）、この信仰の開拓者の一人に、道元と同じく鎌倉時代に活躍した一遍《いっぺん》がいました。

一遍という人は、伊予国（今の愛媛県です）の地方豪族の家に生まれますが、母と死別したことで出家し、天台宗や浄土宗の教えを学びます。

ところが、父の死後にはいったん故郷に戻り、還俗《げんぞく》して武士の生活を送りました。そのあいだには、結婚して子どもも生まれたようです。

それでも、出家の思いが断ちがたかったのでしょうか、三〇歳を過ぎてからふたたび出家し、さまざまなところで修行し、生涯にわたって遊行の生活を続けます。

その旅の様子は、『一遍《いっぺん》聖絵《ひじりえ》』などの絵巻物に描かれています。『一遍聖絵』が興味深いのは、それが一遍が亡くなってからわずか一〇年後に作られたという点です。それぞれの場面には日付が入っていて、一遍に同行した弟子が記録をとっていたことがうかがえます。しかも、『一遍聖絵』のなかの一遍は、つねに貧しい衣をまとい、その姿は貧相にさ

一遍聖絵〈清浄光寺〈遊行寺〉蔵〉

え見えます。これは、宗祖の生涯を描いた一般の絵巻物で、宗祖が神格化されているのと大きく異なります。そこにこそ、『一遍聖絵』の魅力があるとも言えます。

一遍は、各地を遊行していくなかで、「御《ご》賦算《ふさん》」と呼ばれるお札を配っていきます。これは、「南無阿弥陀仏」の名号を記したもので、その下には「決定往生　六十万人」とも書かれていました。六〇万人の人たちに念仏信仰を伝えることが、一遍の旅の目的だったのです。

ところが、熊野速玉大社《くまのはやたまたいしゃ》に赴いたとき、そこで出会った僧侶に御賦算を渡そうとして、拒否されてしまいます。信仰心が湧いてこないので受け取れないというのです。

これは、一遍にとって衝撃でした。彼自身は念仏信仰に絶対の信頼を寄せていて、それによって誰もが救われると考えていたのですが、その考えを受け入れない者もいるということに気づかされたからです。このことに悩んだ一遍は、熊野本宮に参籠《さんろう》し、自分はどうしたらよいのか、神のことばを得ようとします。

幸い熊野権現があらわれ、一切の衆生《しゅじょう》が往生することは、阿弥陀如来によってはるか昔に決定されているので、それを信じるか信じないかは関係がない。縁ある人々に御賦算を渡し続ければいいのだと告げられます。

一遍はこれによって自信を回復し、それまで以上に熱心に御賦算を配る活動に邁進していきます。一遍にとっては、自分の考えが通用しない事態に遭遇したことが試練であり、神のお告げを得てそれを克服したことになります。お告げによってイニシエーションを果たすというのは、いかにも中世らしい出来事ですが、あらゆる人々の往生がすでに決定されているという認識に至ったことは、一遍にとっては新たな世界が開かれたことを意味します。

おそらく、これで踏ん切りがついたのではないでしょうか。その後一遍は、「踊り念仏」をはじめるようになります。

踊り念仏というのは、鉦《かね》や太鼓にあわせて念仏を唱えながら集団で踊るものです。最初一遍は、それを信濃国（長野県）のある家の庭先ではじめます。そして、京都に進出したときには、市屋《いちや》というところに設けられた舞台の上で踊り念仏の興行を行いました。市屋は、空也《くうや》ゆかりの場所です。そこには、貴賤を問わず多くの人たちが集まり、熱狂的な雰囲気が生まれました。

その光景も『一遍聖絵』に描かれていて、絵巻物全体のクライマックスにもなっています。舞台の上で踊りに興じている僧侶たちは、皆恍惚とした表情をしています。

宗教体験のなかには、「エクスタシー」と呼ばれるものがあります。エクスタシーは、ギリシア語の「エクスタシス」に由来しますが、それは外に立つことを意味します。このエクスタシーの状態では、魂がからだから抜け出て、現実の世界とは異なる神聖な世界を経験することになります。一遍をはじめとして、踊り念仏に興じている人々は、エクスタシーのなかで、生きながらにして西方極楽浄土を体験していたことでしょう。

一遍は、自らがイニシエーション体験をするだけではなく、踊り念仏をはじめることによって、ほかの人々に自分の教えの価値を実感させる手立てを得たことになります。ほかの人に対してイニシエーションの機会を提供することができるようになったとも言えます。

もともと一遍は、どこで野垂れ死んでもおかしくはない遊行《ゆぎょう》僧の一人に過ぎませんでしたが、踊り念仏を実践することで世間の注目を集め、ブームを巻き起こします。それも、踊り念仏には、人々を熱狂させ、現実を超えた世界を実感させる力が備わっていたからです。

宗教の中心には教えの体系があるわけですが、それは抽象的なもので、果たしてそれが本当に正しいものなのかどうか、なかなか確信を得ることができません。

それに対して、宗教体験の場合には、自分自身で実際に経験するわけですから、具体的で、体験をしたこと自体は否定しがたいものになっていきます。おそらく、踊り念仏を経験した人間たちは、その感動が生涯忘れられないものとなったはずです。

そして、そのときと同じエクスタシーを得ようとして、くり返し踊り念仏を実践したことでしょう。そう考えると、宗教体験には麻薬に似たような作用があったことになります。

これに関連して思い出されるのが、カール・マルクスが若き日の論文のなかで述べた、宗教は「民衆の阿片である」ということばです。マルクスは、宗教に苦痛を癒やす力があることをさして、そのように書いたようですが、阿片によって中毒になってしまうように、宗教体験も、人をその中毒にさせる側面があります。

それだけ、宗教体験は強烈なものなのです。しかも、宗教体験は、現実とは異なる世界を実際に体験させてくれるのですから、ほかの体験とは比べようがありません。これからも、多くの人たちがそうした体験を求めて、宗教の世界に飛び込んでいくことでしょう。

第三章 ご利益《りやく》もなくてはいけない

呪術的な病気治し

宗教が、難しいことを考えている専門の宗教家や知識人だけではなく、あまねく民衆に広がっていくということになれば、その際に、「ご利益《りやく》」ということが重要になってきます。

その宗教がご利益を与えてくれるものかどうかで、一般の人々はその価値を判断します。ご利益を与えてくれる宗教には大いに期待し、それを信仰しようとしますが、いくら教義は立派でも、ご利益を与えてくれなければ、民衆はそっぽを向いてしまいます。

民衆が宗教に期待するのは、「貧・病・争」からの解放だと言われています。貧は貧乏、病は病気、争は主に家族のなかの争いごとを意味します。

宗教に救いを求める人たちは、貧しさや病気、あるいは争いごとから解放されることを願っているというわけです。この貧・病・争という側面は、日本で戦後大きく発展した新宗教の入信動機としてあげられることが多いものです。新宗教は、ご利益宗教の代表のように考えられていて、それで批判を受けたりもしますが、ご利益の魅力が、そうした教団を大きく発展させたことも事実です。

新宗教は、日本が近代の社会に入ろうとしていた幕末維新期に歴史の舞台に登場します。それまでは、幕府による宗教に対する規制や取り締まりが厳しく、既成の信仰から外れた集団は自由に布教活動や宗教活動を展開することができませんでした。キリシタンの信仰がそうですし、日蓮宗のなかの「不受不施派《ふじゅふせいは》」も弾圧を受けました。不受不施派は、異なる信仰をもつ人間からは布施も受けなければ、施しもしないとするもので、排他的な性格をもつことから禁教とされました。

それが、幕末維新期になると、幕府の力がしだいに衰えていったということもあるのでしょう、天理教や金光教《こんこうきょう》、黒住教《くろずみきょう》など新宗教の先駆けとなる宗教集団が生まれ、その勢力をしだいに広げていきます。こうした集団は取り締まりや迫害も受けましたが、奇跡的な病気治しなどを実践することによって信者を増やしていきました。

たとえば、第二章でもふれた、奈良県に生まれた天理教の場合ですが、教祖となった中山みきは最初、「お産の神様」として近隣の女性たちのあいだに信奉者を増やしていきます。そして、「ビシャッと医者止めて、神さん一条や」と説いて、医者や薬を拒否しました。信仰しさえすれば、どんな病気からも解放されるとしたのです。

天理教には独特の病気観があって、こころの状態が病気に結びつくと説かれました。その人が病気になったのは、神からの警告で、その際には生き方を反省する必要があるというわけです。これは、天理教に限らず、多くの新宗教に見られる考え方で、本人のこころに病気の原因を求め、それを改めることで病気を治そうとするのです。

現代では、医療が発達し、天理教の場合にも、最新の設備を備えた独自の病院を開いています。しかし、天理教が伸びた時代には、まだ医療は十分に発達していませんでした。また、医療の世話になるにはかなりの費用もかかりました。健康保険などない時代です。そこで、人々は信仰による病気治し、信仰治療に頼ったのです。頼らざるを得なかったとも言えます。

このように天理教は、貧・病・争のうち病に焦点をしぼり、それで信者を獲得していきました。ただ、呪術的な信仰治療に頼って、医者や薬を否定する人間を取り締まる政府の布達が出されていたので、天理教は厳しい取り締まりの対象にもなりました。

貧・病・争のうち貧という側面について、天理教は必ずしも信仰さえすれば豊かになれるとは説きませんでした。教団のなかには、神憑《かみがか》りをしたみきが、「貧に落ちきれ」と神から言われて、すべての財産を施してしまったということが伝えられていました。それにならって信者たちは貧しい暮らしのなかから多くの金を教団に献金するようになっていきます。

「貧に落ちきれ」というメッセージは、信者に対して教祖と同じ立場に立つことを求めるものですが、献金した金は、貧しい生活をしている人々に分け与えられるわけではなく、天理教の教団の側にすべておさめられました。それが、神を祀る神殿や天理の町を訪れた信者が宿泊する「詰所」と呼ばれる建物などの建築費用に使われました。それによって、天理の町は、日本ではめずらしい一大宗教都市へと発展していきます。

その点で、「貧に落ちきれ」は、教団や布教師にとって都合のいいメッセージになったわけですが、稼いだ金はみな教団に貢いでしまい、自分たちは極貧の暮らしをしながら信仰を広めていく活動に従事するような信者も数多く生まれました。

となると、天理教の信仰は、決して貧しさからの解放には役立たなかったように見えます。しかし、財産を手放してしまい、それに執着しないということは、その人間に解放感を与えます。当時の天理教は「搾取の宗教」と呼ばれて強い批判も受けましたが、多額の献金が信者の精神的な解放に結びついた面があったことは否定できません。

信仰しさえすれば豊かになれる

貧からの解放ということにとくに力を入れたのが、第二次世界大戦後にその勢力を拡大していった日蓮系の新宗教でした。創価学会をはじめ、立正佼成会や霊友会などの教団です。ただし、創価学会は、戦前に創価教育学会として発足しています。立正佼成会も霊友会の信者であった二人の人間が戦前に独立してはじめた教団でした。

たまたま私は、東京・杉並の立正佼成会の本部の近くで子ども時代を送りました。私は一九五三年の生まれですから、ちょうど小学校に通っていた時代は、戦後の高度経済成長が最盛期を迎えた一九六〇年代にあたりました。

私が通っていた小学校の校舎の窓からは、立正佼成会のシンボルとなる大聖堂の建物が建っていく様子がよく見えました。それが完成したのは東京オリンピックが開かれた一九六四年のことで、私はその時点で小学校の五年生になっていました。

インド風の屋根をもつ円形の巨大な建築物である大聖堂が完成すると、各地から多くの立正佼成会の信者が貸し切りバスに乗ってやってくるようになりました。そのため、立正佼成会は大聖堂の周囲の土地を次々と買い上げて、そこを駐車場にしていきました。そこは、私のような子どもたちが野球をしていた空き地でした。私たちは、自分たちの遊び場を奇妙な宗教団体に奪われたように感じていました。

立正佼成会のような新宗教の教団に多くの人が集まってきたのは、そうした教団が、信仰さえすれば豊かになれるということを強く訴えたからです。

その点では、この立正佼成会とライバル関係にあった創価学会の方が巧みで、徹底していました。どちらの教団も、日蓮の説いた仏法を基盤にしているのですが、教団としての性格やあり方にはかなりの違いがありました。

立正佼成会の場合には、教祖となった二人の人物のうち、女性の方は霊感が発達しているとされ、そのための修行もしていて、病気治しなども実践していましたが、教えの中心となったのは、この教団に独特な先祖崇拝の方法でした。一般の伝統的な先祖崇拝では、戸主である男性の家の先祖しか祀りませんが、立正佼成会では、これは霊友会の信仰を引き継いだものですが、男性と女性の両方の家の先祖を祀ります。

これは、田舎から出てきて都会で結ばれ、そこで新たに家庭を築くようになった人たちにふさわしい祭祀のあり方でした。男性の家と女性の家が対等だというのは、戦後の男女平等の考え方にも合致しました。

一方、創価学会の場合には、先祖崇拝にはそれほど強い関心を寄せませんでした。むしろ、自分たちの教団の勢力を拡大していくための布教の方法である「折伏《しゃくぶく》」に力を入れました。折伏は「摂受《しょうじゅ》」と対になるもので、摂受が穏やかに教えを説いて相手を説得していくやり方であるのに対して、折伏は、相手を批判して言い負かすなど、強い態度で勧誘をする方法をさします。創価学会は、この折伏によって次々と会員を増やしていきました。

穏やかに教えを説くのなら、周囲と対立が起こることはありません。ところが、折伏を実践すれば、言い合いになったり、さらには喧嘩に発展することもあります。何しろ創価学会の会員たちは、近くの日蓮宗寺院に出掛けていって論争をふっかけたり、キリスト教の教会に行って、イエス・キリストが復活するなどあり得ないなどと言い立てたからです。

その点で折伏は、社会と軋轢《あつれき》を起こしやすい布教の方法なのですが、かえってそれが会員の信仰を強めることに結びつきました。しかも、創価学会のリーダーは、信仰をもち、毎日「南無妙法蓮華経」の題目を唱え、折伏を実践していくならば、必ずや豊かになれると力説しました。

信仰と金が儲かるということとのあいだには、直接の因果関係はありません。なぜ、折伏して会員を増やすことが豊かさに結びつくのか、その理由を説明しようにも、理屈は立ちません。

しかし、リーダーはそれを無理やり結びつけ、必ずそうなるとくり返し説きました。すると、不思議なもので、会員となった人間のなかには、ご利益があったという者が出てきました。すると、ほかの会員たちもそれに感化され、それで信仰にのめり込んでいったのです。高度経済成長の時代に、創価学会は立正佼成会以上に急速に拡大し、巨大教団に発展していきました。そして、公明党という政党を組織して、政治の分野にも進出していきました。

仲間を作るための場

立正佼成会と創価学会には、共通したところもありました。立正佼成会では、信者が定期的に集まって信仰上の話し合いを行う「法座」が重要な意味をもちました。これは霊友会から引き継いだやり方ですが、信仰上のリーダーを中心に開かれる法座では、そこに集まった信者は、自分たちの悩みごとを打ち明けました。悩みごとのなかで多かったのは、家庭内での争いごとです。とくに嫁姑の関係の難しさを訴える信者が多かったのです。

私も一度、この法座を見学したことがありますが、これは車座になって行われます。信者がその場で出した悩みについては、リーダーが答えていきます。どう振る舞えばいいのか、立正佼成会の信仰に結びつけて説いていきますが、そのアドバイスによって争いごとが解決したなら、信者は信仰の正しさを認め、活動に邁進していくことになるでしょう。

一方、創価学会で、この法座に近い役割を果たしたのが、「座談会」と呼ばれる場でした。

座談会は、戦前の創価教育学会の時代から行われていて、それを引き継いだものです。私はこちらにも出たことがありますが、座談会において、それぞれの会員は、自分たちが信仰を得たことでどれだけ幸福になれたのか、どういった方法で折伏することで仲間を増やしたのかを熱心に語ります。それは、「体験発表」と呼ばれ、座談会の重要な柱になっています。

座談会が法座と違うのは、その坐り方にあります。法座は車座ですが、座談会ではそうした形をとらず、教室形式で坐ります。体験発表する人間は、学校の先生のように、皆の前に立ち、そこで話をします。こうした形では、参加者が悩みを打ち明け、それに対してリーダーがじっくり答えるということにはなりません。

というのも、家庭内の争いごとにかんして、創価学会では答えが最初から決まっているからです。問題があれば、相手を折伏し、同じ信仰に引き入れればいいのです。そうすれば功徳が得られ、争いごとも解決します。しかも、争っていた者同士が同じ組織の一員になるのですから、自然と仲がよくなっていく可能性が出てきます。その意味で、創価学会の会員にとって、折伏はあらゆる問題を解決する万能薬だったのです。

法座にしても座談会にしても、そこに集まった人たちは仲間になっていきます。仲間意識が生まれるということは、とても重要なことでした。というのも、戦後、日蓮系の教団に入ってきた人たちは、何よりも仲間を求めていたからです。

それはなぜなのでしょうか。その点を見ていくことにしましょう。

創価学会については、福岡市で行われた社会学的な調査があります。その調査によれば、創価学会の会員になった人たちは、ほとんどが福岡市以外の地域で生まれていました。つまり、皆都会に出てきたばかりの地方出身者だったのです。しかも、学歴も決して高くはありませんでした。調査は一九六〇年代に行われたものですが、高校を卒業している人間でさえ全体の三割に過ぎません。ほとんどは中学校や小学校しか出ていませんでした。

高度経済成長の時代には、それまで農業などの第一次産業が中心だったのが、鉱工業である第二次産業やサービス業である第三次産業への転換が進みます。それによって、第二次産業と第三次産業が盛んな都市部では労働力が不足するという事態が生まれました。その際に労働力の供給源となったのが地方の農村部でした。

それによって、大規模な人口の移動が起こり、地方から都会へ人口のシフトが起こりました。地方にとどまっているよりも、都会に出てきた方が働き口もあり、給料もよかったからです。とくに家にとどまっていても、うだつが上がらない農家の次男三男が積極的に都会に出ていきました。

しかし、都会に出てきても、学歴が低いこともあり、彼らは安定した職につくことができません。また、給料も低く抑えられ、生活していくことに汲々《きゅうきゅう》としていなければなりませんでした。勤め先が中小企業や商店、町工場であれば、労働組合に頼ることもできません。

創価学会は、そうした人々をターゲットにして、信仰を折伏によって広めていくならば、必ずやご利益を得ることができると訴え、それで会員を増やしていきました。

創価学会のような新宗教の教団に加われば、それまで都会では得られなかった仲間を作ることができます。仲間がいれば、何かと助けになりますし、困ったときには相談に乗ってもらうこともできます。

しかも、初期の創価学会は、軍隊を真似た組織作りを進めていました。折伏によって多くの会員を獲得した人間は、高く評価され、組織のなかでの地位が上がっていきました。部隊長などといった位を与えられたのです。それは、彼らの自尊心を満足させ、自信を与えることにつながりました。それもまた、ご利益の一つだったのです。

創価学会の場合には、政治にも進出していきました。彼らが作った公明党は大衆福祉の実現を政策の中心に掲げましたが、創価学会の会員の多くは社会的に貧しい階層に属していて、社会福祉の対象になる人間たちでした。また、公明党の議員には地方議員が多く、彼らは、選挙のときに支援してくれる会員の要望に対しては、労を惜しまず、その実現に尽力しました。これは、現実的なご利益に結びついていきました。

選挙活動自体勝ち負けがはっきりするものですから、組織をあげての戦いとして位置づけられ、会員はその戦いに邁進しました。多くの議員を当選させることが、信仰の正しさを証明するものとなり、公明党が拡大していくことが会員の喜びに結びついていったのです。

高度経済成長の時代のように、社会が流動化し、大きな変化が起こったときには、ご利益への期待が高まり、それを求めて人々は熱狂します。経済が大きく発展している時代には、その時代に生きる人々はエネルギーをもっていて、自分が豊かになれることに強い期待を抱いていました。創価学会のような新宗教は、その期待を吸い上げ、それを組織の拡大へと結びつけていきました。立正佼成会や霊友会も、組織のあり方は異なりますが、やはり都会に出てきたばかりで、まだ貧しい人たちをターゲットに勢力を拡大していきました。

密教のご利益

新宗教の例をあげると、ご利益信仰というのは、一部の庶民だけが望むものと思われがちですが、そうではありません。

ご利益を求める動きは、どの宗教にも見られます。その上、新宗教の教団がそうであったように、宗教を大きく発展させていく決定的な要因にもなっていきます。日本において仏教が浸透していく歴史のなかで、密教の果たした役割は大きいのですが、密教はご利益信仰に直結するものでした。

浄土教信仰のことについてはすでに第一章でふれましたが、その際に、もともとそれが、密教の行として日本に伝えられたということを述べました(31ページ参照)。天台座主《ざす》となる円仁《えんにん》が唐に渡り、念仏行を日本にもたらしたのです。その点では、念仏のもとは密教であったということになります。

日本に仏教が伝えられた初期の段階で、それを積極的に取り入れたのは、天皇などの皇族であり、また各地を支配する豪族たちでした。つまり、社会の上層階級に位置する人たちが仏教を取り入れることに熱心だったのです。それが、すでに述べた国家仏教の時代です(27ページ参照)。

その時代を経た後に、浄土教信仰が広まり、個人の救済ということが仏教に期待されるようになるわけですが、もう一つそこで重要な役割を果たしたのが密教だったのです。

仏教という宗教は、釈迦の悟りから出発したもので、その教えに従うことによって、永遠に苦が続く輪廻《りんね》のくり返しから脱することを目的としていました。それは、仏教に限らず、インドの宗教全般に言えることでした。

その点で、インドの仏教にはさまざまなライバルがいたことになります。そのため、仏教は、ライバルに負けないため、ヒンドゥー教から神秘主義的な実践を取り入れて、密教を発展させていきました。

その密教が中国を経て日本にも伝えられることになるわけですが、奈良時代の段階では、まだ体系化されない形の「雑密」と呼ばれるものが伝えられただけでした。この時代には、密教の経典が取り入れられたり、密教の考え方にもとづいて仏像などが作られていきますが、体系的な形で密教が取り入れられるのは、平安時代に入ってからのことです。

最初にその役割を果たしたのが最澄《さいちょう》と空海《くうかい》でした。二人は、同じときの遣唐使に加わり、唐に渡ります。最澄は、帰国後に日本で天台宗を開くことになりますが、中国の天台宗を開いた隋の時代に、天台大師智顗《てんだいだいしちぎ》が説いた法華経にかんする教えを中心に、それを日本にもってこようとしました。

ですから最澄は、天台宗の中心だった天台山に向かい、そこで中国天台宗の中興の祖とされる湛然《たんねん》（妙楽大師）の弟子たちから本場の天台教学を学びました。

ところが、帰国直前になって、密教の教えが中国で最新の仏教として流行していることを知ると、慌ててそれを取り入れようとしました。しかし、十分に時間をかけることができなかったために、それは中途半端なものに終わってしまいました。

それに対して、空海の場合には、唐に渡るときから密教の重要性に気づいていたとも言われますし、すでに日本で密教の修行を行っていたとも伝えられています。しかし、それは後世に作られた架空の話である可能性があります。むしろ、南都六宗のなかの三論宗《さんろんしゅう》の僧侶として出家得度した空海は、遣唐大使の一行とともに中国の都、長安に赴いて、そこではじめて密教の重要性に気づいたように思われます。

それでも、空海には卓越した言語能力や書の才能がありました。空海は、それを駆使して、積極的に密教を学んでいきます。恵果《けいか》という優れた師匠に出会えたことも、空海が短期間のうちに密教の全貌を学ぶことに結びつきました。空海には桓武天皇という後ろ盾もあり、十分な資金を携えていたことも密教を取り入れることに役立ちました。中国側の資料では、空海が天皇の手紙を携えていたと述べられています。多額の金をもっていたことも、そこに出てきます。

これによって、密教を摂取する上で、最澄と空海には差が生まれます。帰国後の最澄が、年下の空海に対して弟子のような立場で接し、熱心に密教について学ぼうとしたのも、その不足を補うためでした。

ただ、ここで興味深いのは、その後の天台宗と真言宗における密教摂取の歴史です。真言宗では、空海があまりに多くのものをもたらしてしまったために、それ以降唐に出向いて密教を取り入れようという試みはあまり積極的にはなされませんでした。

それに対して、最澄の段階では密教摂取に後れをとった天台宗では、不足を補うために、次々と僧侶が唐に渡り、改めて密教を日本にもたらしました。その代表が、念仏行を伝えた円仁でした。あるいは、その後を継いだ円珍でした。円珍は空海の甥にあたる人物だとも言われています。それによって、天台宗においても、密教が大きく取り入れられることになったのです。

そこには、最澄と空海の手によってはじめて本格的にもたらされた密教が、当時の人々、とくに皇族や貴族の人たちに熱狂的に迎えられたということがかかわっています。密教に対する旺盛な需要があったからこそ、円仁や円珍は、相当な苦労をしながらも、唐に渡ったのです。円仁が唐で相当に苦労したことについては、すでに述べました。

日本の仏教界を席捲した密教

密教は、神秘的な手段を用いることによって、現実を変容させる力をもっていると考えられました。それは、それまでの仏教にはなかったことです。密教は、病気を治したり、子どもを授かったり、あるいは自分に害を及ぼす敵方を滅ぼしたりと、さまざまなご利益を与えてくれる信仰として受け入れられました。

そのために、平安時代以降、密教は日本の仏教界を席捲する勢いを見せました。

密教と聞くと、ほとんどの人はまず真言宗のことを考えるでしょう。真言宗が密教を中心とした宗派であることはよく知られています。天台宗についても、その総本山である比叡山延暦寺は仏教の総合大学の様相を呈していましたから、密教の信仰が取り入れられていることはある程度知られていると思います。

しかし、真言宗と天台宗以外についてはどうでしょうか。あまり知られていないのではないでしょうか。

ところが、鎌倉時代以降に生まれる新しい仏教の宗派も、あるいはそれ以前からあった南都六宗でも、密教を自分たちの信仰世界のなかに取り込んでいきます。それを行わなかったのは、数ある宗派のなかでも、浄土真宗だけだったのではないでしょうか。

その結果、もともとは密教とは関係のない仏像が、密教の仏として扱われるようになり、その呼び方が変わったようなこともありました。たとえば、法隆寺の隣にある中宮寺の有名な本尊は、現在「伝如意輪観音《でんにょいりんかんのん》」と呼ばれています。如意輪観音は、密教の仏で、普通は手にさまざまな法具をもっています。

ところが、中宮寺の如意輪観音は半跏思惟像《はんかしいぞう》で、手には何ももっていません。これは、飛鳥時代に作られた優れた仏像ですが、とても如意輪観音には見えません。実は、中宮寺にも一時密教が取り入れられた時期があって、どうもそのときに、名前を変えられてしまったようなのです。こうした例はほかにもあります（詳しくは、拙著『神も仏も大好きな日本人』〈ちくま新書〉を参照してください）。

同じ奈良の薬師寺には「密教部」というセクションがあって、一年に一度、この寺の創建を発願《ほつがん》した天武天皇を偲ぶ「天武忌」には、境内のなかにある不動堂の前で護摩が焚かれます。薬師寺の創建当時には、密教はまだ本格的に取り入れられていませんから、この儀式が後世になって取り入れられたものであることは間違いありません。

密教が日本の仏教界を席捲したために、密教を取り入れなければ信者が集まらず、寺の経営もままならないという時代があったのです。そこで各寺院は、宗派を問わず、どこでも密教を取り入れていきました。

法華経こそが正しいと主張した日蓮は、法華経と密教の経典の価値が等しいと説いた僧侶や、密教の経典の方が優れていると主張した僧侶を強く批判しています。ところが、その日蓮宗でも、「大荒行《だいあらぎょう》」という修行の機会が伝えられていて、行者が寒中に水浴びをするなど、厳しい行を実践して法力《ほうりき》を身につけていきます。法力という発想は密教のものです。日蓮宗も、庶民に信者を広げていく上で、密教を取り入れていかなければならなかったのです。

生きているあいだは密教に頼り、亡くなるときには浄土教信仰によって極楽往生を果たす。そうした形で、密教と浄土教信仰は巧みに役割分担をしながら、日本の社会に深く浸透していきました。

さらに密教は、土着の神道と仏教とを一つに融合させる上でも重要な役割を果たしました。修験道《しゅげんどう》などは、密教と土着の神道から発展した山岳信仰が習合することで生まれた日本に独自な信仰の形態です。修験道では、蔵王権現という神が祀られていますが、権現は神と仏が融合したものにほかなりません。

中世においては、伊勢神宮の内宮と外宮を、密教の儀式で用いられる両界曼荼羅《まんだら》の胎蔵界と金剛界にたえるといったことも行われました。これは、現代の感覚からすると、あり得ないことに思えるかもしれません。けれども、中世の段階では、それによって仏の世界と神の世界が深く融合するようになったのです。ご利益を与えてくれる信仰として密教が仏教界を席捲したことで、日本人の信仰のあり方は大きく変容しました。

明治のはじめに、神仏分離が行われ、神道と仏教は切り離されてしまいましたが、今でもその痕跡をさまざまな形で見出すことができます。たとえば、浅草の観音様、浅草寺の境内に浅草神社が祀られているのも、これは昔の形をとどめているからです。

聖者崇拝というご利益信仰

ご利益信仰は、日本だけのことではありません。

私たち日本人は、キリスト教やイスラム教では、唯一絶対の神への信仰が行き渡っていて、神に忠実であろうとして、宗教にご利益など期待したりはしないと考えてしまいがちです。

しかしそれも、キリスト教やイスラム教における信仰のあり方について、教義にだけ注目しているからで、実態を把握していないことによるものです。

たしかにキリスト教もイスラム教も一神教で、建て前の上では、ほかの宗教の神を信仰してはならないと説いています。また、偶像崇拝を禁止しますから、日本のように八百万《やおよろず》の神々にすがって、ご利益を期待したりはしないように思えます。

ところが、純粋な信仰を説くだけでは、宗教が一般の民衆にまで広がることはありません。一部の知識人は、純粋な信仰のあり方を重視し、それに傾倒して、高度な宗教哲学を築き上げていくことになりますが、そうした宗教観が社会全体に共有されることはあり得ません。

やはりそこには、たしかなご利益が必要です。信仰することによって具体的に得るものがなければ、長く信仰を保つことはできません。苦しいとき、あるいは悩めるときに救いを与えてくれる宗教でなければ、それを信じ続けることは難しいのです。

キリスト教におけるご利益信仰の代表としては、「聖者崇拝」をあげることができます。キリスト教には、「三位一体」の教義があって、父なる神とその子イエス・キリスト、そしてマリアを受胎させた聖霊が一体のものとしてとらえられています。あらわれ方が一つではなく、三つだというところに理解が難しい点がありますが、キリスト教は、どの宗派においても基本的に三位一体の立場をとっています。これはキリスト教が多神教的な傾向を示し、神以外の信仰対象を許容することにつながっていきます。

神は、この世界を創造した唯一絶対の神で、ほかに神はいないわけですが、絶対的な存在である分、信者の生活からははるか遠いところに位置しています。信者たちは、キリスト教の教会に集まって、その神に祈りを捧げるわけですが、神は必ずしも身近な存在だというわけではありません。

そのため、後には聖母マリアに対する信仰が高まっていきます。聖母に対する信仰ということでは、フランスのルルドが巡礼地として有名ですが、そこは一九世紀の半ばに聖母マリアが出現したとされる場所です。

当時は、すでに聖母マリアに対する信仰が高まっていて、カトリックの教会は、マリアは神の特別なはからいによって、その誕生のときからあらゆる罪を免れていたという「無原罪の御宿《おんやど》り」の教義を公認したばかりでした。ルルドに出現したマリアは、自分はそうした形で生まれたことを宣言しました。

そして、ルルドを訪れた人々のなかに、病気が治ったり、歩けなかったのが歩けるようになったという事例が生まれたことによって、そこは聖地として巡礼者を集めていきます。それはまた、聖母マリアに対する信仰を強化することに結びつきました。

日本のカトリック教会にも、ルルドの泉を模した洞窟が作られていたりします。聖母マリアは、すべての信者を救う慈悲深い存在として広く信仰を集めていきます。それは、厳格な父なる神や、十字架にはりつけられて苦悶の表情を浮かべているイエス・キリストとは大きく異なります。

こうした聖母マリアに対する信仰は、キリスト教が歴史を重ねるなかで、しだいに盛んなものになっていきました。

では、マリア信仰が高まる以前に、キリスト教の信者は、いったいどういう存在に祈りを捧げ、そのご利益にあずかろうとしたのでしょうか。

それが聖者崇拝なのです。

キリスト教は、ローマ帝国のなかに広がりはじめた時代にさまざまな形で迫害を受けました。既存の宗教に対して批判的な態度をとったからです。そのために、キリスト教を布教していた人間のなかには、迫害を受けて殺されてしまう人間があらわれました。殉教者が生まれたのです。

最初の殉教者とされているのはステファノという人物で、そのことは『新約聖書』の「使徒言行録」のなかに記されています。キリスト教を、ユダヤ人以外の人間に伝えることに大きく貢献したパウロも殉教したとされています。

どの宗教においても、教えに殉じて亡くなるということは貴い行いとして高く評価されますが、キリスト教の場合には、イエス・キリストが十字架にかけられて殺されたということから出発しているために、殉教は他の宗教以上に高く評価されます。殉教者はイエス・キリストと同じ死に方をしたからです。

殉教者は聖者、あるいは聖人として崇拝の対象になっていきます。後には、殉教者を正式に聖人として認めるための「列聖」の手続きが制度化されていきます。キリスト教の聖人は、たんに信者たちの信仰の対象になったというだけではなく、教会によって認められたものでなければならないのです。

聖遺物という偶像

キリスト教の聖人に対する崇拝は、その聖人にまつわる遺物への信仰に発展していきます。これは「聖遺物」と呼ばれます。聖遺物の中心は、それぞれの聖人の遺骨ですが、それ以外にもさまざまなものが信仰の対象になりました。この聖遺物信仰は、日本ではあまり知られていませんが、ヨーロッパでは相当に盛んです。

聖遺物崇拝がとくに盛り上がりを見せるのは、一一世紀の終わりに十字軍の遠征がはじまってからのことになります。十字軍は、イスラム教の支配下にあった聖地エルサレムの奪回をめざしてシナイ半島に向かいました。その過程で、聖遺物が発見され、それがヨーロッパにもち込まれたのです。

たとえば、かの有名な「聖骸布《せいがいふ》」にも、十字軍が持ち帰ったという伝承があります。聖骸布は、十字架を負わされてゴルゴダの丘をのぼっていたイエスが汗まみれになっているとき、ヴェロニカという女性が駆け寄って、イエスの顔をぬぐったところ、その布にイエ

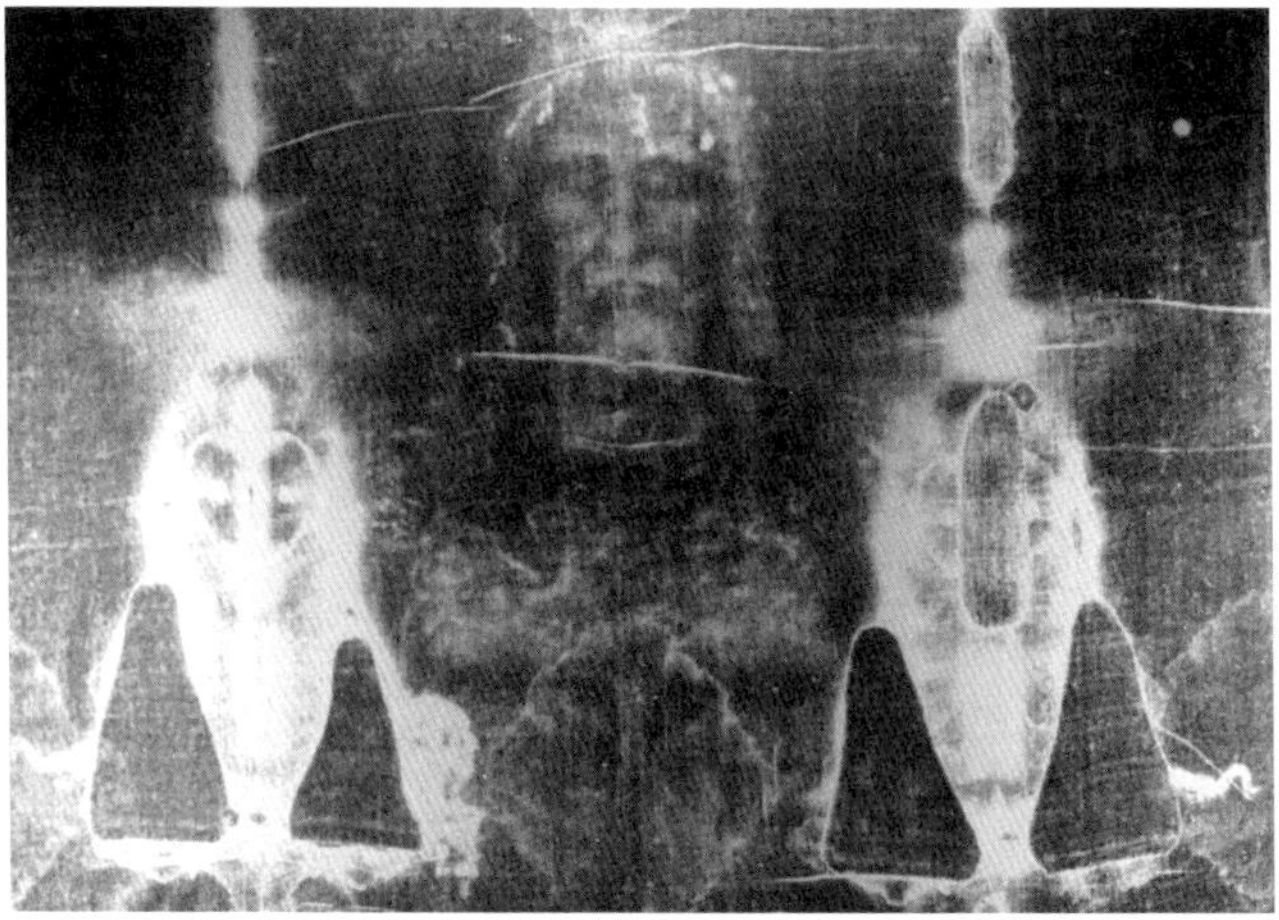

聖骸布

スの顔の形が残ったというものです。この聖骸布の写真を見たことがあるという人も少なくないでしょう。また、第一回の十字軍がエルサレムの北にあったアンティオキアを攻めたときに、そこにあった教会の地下から、十字架にかけられたイエスを刺した「聖槍《せいそう》」が発見されたという話もあります。

あるいは、フランスの王、ルイ九世は、やはり処刑されるときにイエスが被らされていた荊《いばら》の冠を東方で入手し、それを祀るためにパリの中心部にサント・シャペルの礼拝堂を建立しました。

ルイ九世は、この荊の冠を強奪してきたわけではありません。十字軍が建てたラテン帝国の皇帝、ボードワン二世から購入したもので、購入金額は礼拝堂の建築資金の三倍以上にのぼったとされています。

このように、聖遺物が売買されることはめずらしいことではありませんでした。名高い聖人の聖遺物があれば、それを祀る教会や礼拝堂には数多くの巡礼者がやってきます。そして、教会や礼拝堂の名声も高まります。エルサレムを占拠した十字軍が大量の聖遺物を買い付けて、それをヨーロッパに送ったということもありました。

聖遺物は売買されただけではありませんでした。それを盗み出すことも頻繁に行われましたが、その首謀者となったのはなんと修道僧たちでした。

彼らは、自分たちは神のお告げを受けて盗みを行っていると称しました。そうした行為は、通常の盗みとは区別されて「敬虔な盗み」とも呼ばれました。しかも、聖遺物自体が盗まれて別の場所に移されることを望んでいると主張されたのです。なんとも盗む側に都合のよい理屈ですが、それが当時はまかり通ってしまったのです。

そして、聖遺物が手に入ると、それを新たにおさめた教会や礼拝堂では、聖遺物を先頭に大行列を組んで、信者たちが町のなかを練り歩きました。そして、聖遺物が数々の奇蹟を起こしたと宣伝され、それによって多くの巡礼者を集めていったのです（聖遺物については、渡邊昌美『巡礼の道』〈中公新書〉に詳しく述べられています）。

この聖遺物に対する信仰については、宗教改革者のジャン・カルヴァンが、『カルヴァン小論集』（岩波文庫）におさめられた「聖遺物について」という文章のなかで、詳細な例をあげて、それがいかにばかげたものであるかを論証しています。何しろ聖遺物のなかには、マリアの乳といったとんでもないものまで含まれていたからです。

聖遺物は、カルヴァンが指摘するようにひどくばかげていて、愚かな俗信に過ぎないと言えます。しかし、民衆が求めたのは、高邁な哲学でもなければ、精緻な論理にもとづく神の存在証明でもありませんでした。日々の暮らしを少しでも豊かにしてくれ、病気などから救ってくれるご利益信仰でした。

キリスト教の正統的な教義からすれば、こうしたご利益信仰は認められないものですし、へたをすれば、異端の疑いをかけられかねないものです。

しかし、教えに殉じて亡くなった貴い聖人を担ぎ出すことによって、そこに信仰上の意味が与えられ、それが正当化されていきました。今でも、ヨーロッパの教会や礼拝堂には、この聖遺物が安置されています。聖骸布などは、これが本物なのか、それとも偽物なのかをめぐって、ずっと議論が闘わされてきました。ごく最近も、イタリアの学者たちが研究の結果、聖骸布は本物だという結論を出したというニュースも伝えられています。

私たちは、本当にそんなことがあるものかと疑ってしまいますが、科学者が聖骸布の真偽を研究しようとするところに、いかにそれが信仰の対象として重要なものと見なされてきたかが示されています。

たとえ非合理的なものであったとしても

こうした聖遺物崇拝については、カルヴァンから批判されたところに示されているように、プロテスタントには受け継がれませんでした。プロテスタントは、信仰の基盤を聖書の、とくに『新約聖書』におき、イエス・キリストを救済者として信じる必要性を訴えました。そして、カトリックで盛んだった奇蹟信仰については、非合理的なもの、非科学的なものとして退けてしまいました。

その点では、プロテスタントの信仰は、現代にも通用するような合理性を備えたものと言えます。奇蹟を求めるご利益信仰から脱することで、純粋な信仰をあくまで追求しようとしていきました。

しかし、ご利益信仰を否定することは、民衆の欲求に応えられないことに結びついていきます。民衆が求めるのは、日々の生活のなかから生じる悩みや苦しみに対する救いです。

その救いがどういった形でもたらされるかということよりも、救いがあるのかどうかが重要視されます。

　イギリスや、とくにアメリカのプロテスタントのあいだで、「大覚醒」という運動が流行したことがあります。これは、野外で礼拝を行って、そこで布教師が延々と説教を続け、そこに集まった人々に自らの罪深さを自覚させ、そこから集団的な懺悔《ざんげ》へと導いていくものです。自分の罪深さを自覚した参加者は、その罪からの救いを求めて、強く神を求めるようになります。そのため、野外での礼拝は、大いに盛り上がり、宗教的な興奮状態を呈していきました。

　こうした方法は、現代の社会で「福音派」と呼ばれる、新宗教的な性格を示すプロテスタントの宗派に受け継がれています。たとえば、もともとはカトリックの牙城であったブラジルでは、経済発展が続くなかで、福音派が台頭し、信者を増やしていると言われます。それは、韓国でキリスト教徒が増えたときも同じで、やはり礼拝の場で集団的な興奮状態をもたらすような宗派が信者を増やしていきました。

　これはまさに、第二章で述べた宗教体験を活用したものです。野外の礼拝で覚醒した人人は、踊り念仏の信者のようにエクスタシーの状態に陥っていきました。それは、プロテスタントが本来めざす理性的な信仰のあり方から逸脱するもので、相当に感情的なものです。しかし、こうした機会を通して、信者たちは、その宗教が正しいと感じ、信仰にのめり込んでいくのです。その熱狂は、聖遺物に対する中世の人たちの興奮と共通します。

イスラム教は、キリスト教以上に神の絶対性を強調し、偶像崇拝については徹底的にそれを禁じます。イスラム教では、イスラム教が広がる以前の時代は、「ジャーヒリーヤ（無道時代）」と呼ばれますが、その時代には偶像崇拝がはびこり、人々は間違った神を信仰していたものととらえられています。

イスラム教における偶像崇拝の禁止は徹底していて、神の姿を形にして描き出すことは冒瀆《ぼうとく》的な行為として批判され、否定されます。預言者ムハンマドの姿を描くこともタブーで、一九七六年に作られたムハンマドの伝記映画には、本人はいっさい登場しませんでした。

ただし、イスラム教の世界でも、キリスト教と同様に、聖者崇拝が広まっています。キリスト教の列聖に見られるような制度は作られていませんが、イスラム教が広がったそれぞれの地域では、聖者を崇《あが》め奉り、それに対して病からの治癒など奇蹟を求めることが行われています。そうした状況を見ると、キリスト教の聖者崇拝と変わりませんし、日本の八百万の神々への信仰ともかなり似ているように思えます。イスラム教のような厳格とされる一神教でも、唯一絶対の神にすがるだけでは、日々の生活のなかから生じる問題に対する解決策を得ることはできないのです。

ご利益信仰は、エリート層からは正しい信仰のあり方からは逸脱しているものとして批判されます。しかし、ご利益を与えるものでなければ、宗教は広がりませんし、民衆のあいだに定着することはありません。民衆が必要とするのは、あくまで確かなご利益を与えてくれる宗教なのです。

第四章

宗教がなければモラルもない

なぜ『武士道』は書かれたのか

『武士道』という本があります。

著者は新渡戸稲造《にとべいなぞう》で、日清戦争と日露戦争に挟まれた一九〇〇年にアメリカで刊行されました。もちろん英語です。この時期、日清戦争で勝利をおさめたということで、日本に対する関心も高まっていました。その後、日露戦争で大国ロシアを破ることで、さらに日本に対する注目度は増していきます。

『武士道』は、アメリカで刊行された八年後の一九〇八年に日本語版が刊行されました。櫻井鷗村による翻訳でした。ただし、今一般に読まれているのは、矢内原忠雄が翻訳して、一九三八年に刊行された岩波文庫版です。

新渡戸は、無教会派のクリスチャンだった内村鑑三と札幌農学校で同期で、彼自身がクエーカー派のクリスチャンでした。矢内原は、戦後、東京大学の総長にもなりますが、内村の門下で、やはり無教会派のクリスチャンでした。現在の感覚からすれば、クリスチャンである新渡戸が、日本の封建道徳と深く関係した武士道についての著作を書くというのは、意外なことに思えます。しかし、新渡戸には、この本を書かなければならない理由がありました。

それについて、新渡戸は『武士道』の序のなかで述べています。

それは、この本を執筆する一〇年ほど前のことでした。彼はベルギーにいて、ある法学の大家の家に滞在していました。

新渡戸が、その大家と散歩に出た折、話題が宗教のことに及びました。そのとき、その大家から、「あなたのお国の学校には宗教教育はないと、おっしゃるのですか」と尋ねられたのです。

新渡戸はそのときに、「ありません」と断言してしまいました。するとその大家は、突然立ち止まって、「宗教なし！　どうして道徳教育を授けるのですか」と聞いてきたといいます。よほど、新渡戸の答えに驚いたのでしょう。

そのときの新渡戸は、宗教教育を行わずにどうやって道徳教育を授けるのか、ベルギーの大家を納得させる説明ができませんでした。新渡戸は、このことが気になっていて、自分の道徳観がどのようにして形成されてきたのかを改めて考え、その過程で武士道に行き着きました。

実は新渡戸の妻はアメリカ人だったのですが、彼女からも、武士道の思想や風習が日本に広がっている理由ついて尋ねられていました。こうしたことがあったために、新渡戸は英文で『武士道』を書き、日本にもキリスト教社会に負けない道徳観があることを証明しようとしたのです。

モラルの基盤としての武士道

新渡戸としては、武士道のなかにキリスト教の精神と共通したものを見出していこうとしましたが、武士道が過去のものになりつつあることも認めていました。たしかに、明治の時代に入って、武士という存在自体が消滅してしまっていたのですから、武士道も廃《すた》れていかざるを得ませんでした。

実際、今『武士道』の本を読んでみると、いささか疑問を感じるような箇所が出てきます。たとえば、第一二章は、「自殺および復仇《ふっきゅう》の制度」と題されているのですが、そこで扱われているのは、もっぱら切腹と仇討ちについてです。

とくに切腹を命じられた武士たちの姿は凄惨《せいさん》なものとして描かれています。武士たちは、自らの腹に刀を刺しても、動じることなく死んでいきます。八歳の少年が、二四歳と一七歳の兄たちとともに、「見事に」切腹を遂げたという信じがたい話も出てきます。

武士というものは、戦いに臨むことを自らの使命としていますから、つねに死を覚悟しています。そして、実際に死に直面した場合には、いさぎよく自らの死を受け入れます。そこで、動揺や躊躇を見せたりすることは、武士道に反するものととらえられます。

中世のヨーロッパでは、「騎士道」がもてはやされました。騎士は、武士と同じように、戦いにおいて勇敢に振る舞うだけではなく、主君に対して忠実であることを求められました。さらには、キリスト教の教会を守り、弱者に対して慈悲ある行動をすることが理想とされました。

新渡戸は、武士道をこの騎士道になぞらえ、キリスト教の信仰が広がっていない日本でも、立派な道徳が存在し、人々はそれに従って自らを律していることを示そうとしたのです。

騎士道の時代がはるかな過去のことになってしまったように、今では武士道が日本人の道徳観の基礎を形作っているわけではありません。改めて武士道に関心をもつ人たちは少なくありませんが、時代は大きく変わってしまったのですから、古い武士道がそのまま今の社会に通用するはずもありません。

となると、現代の日本の社会においては、道徳教育を与えるものが完璧に失われてしまったのでしょうか。私たちは、ベルギーの法学の大家が新渡戸に対して尋ねた、「宗教なし！　どうして道徳教育を授けるのですか」という問いに対して、改めてその答えを見出していかなければならない状況に立たされています。

現代の日本社会では、伝統的な道徳はすっかり忘れ去られ、人々は自由に気ままに生活している分、モラルが欠けていると考える人もいるでしょう。

しかし、ほかの国と比較してみても、決して日本の社会からモラルが失われているようにも見えません。モラルが失われていないからこそ、私たちは安全で、安心できる生活を享受できているのではないでしょうか。

そんなことを言うと、東日本大震災があったではないか、原発の事故があったではないかと言われることでしょう。

しかし、大震災は自然災害で、それはこれまでもくり返されてきました。原発の事故は、人災の側面が強い出来事です。それについては、原発を扱い、管理する人たちの職業上のモラルが問われるかもしれませんが、日本社会全体のモラルが低下したことが、そうした事故を生んだわけではないでしょう。

これは最近のことですが、日本にいるイスラム教の指導者であるイマームと話をする機会がありました。トルコから来た方です。イマームは「導師」とも訳されますが、モスクでコーランを詠み、説教を行ないます。

日本人は、イスラム教の信者は信仰に対してとても熱心だと考えています。一日五回の礼拝を欠かさず、一年に一度めぐってくる「断食月」には、太陽の出ているあいだは、食事をとらないばかりか、水も飲みません。唾さえ呑み込まないという人たちもいます。

ところが、そのイマームからすると、イスラム教が説く精神にかんして、日本人の方がはるかにそれを忠実に守っているように見えると言うのです。何より、日本人は他人のことを信用し、信頼します。残念ながら、それはトルコのイスラム教徒には欠けていると言うのです。

たしかに日本人は、他人を信用し、信頼するということを重視しています。人を信じるからこそ、自分も相手から信用してもらえると考えます。実際、町のなかで忘れ物をしても、返ってくることが少なくありません。町中に荷物を置きっぱなしにしても、すぐにそれが盗まれるなどということはありません。残念ながらそれは、海外ではあり得ないことです。

日本人は、自分たちのことを無宗教だと考えていて、信仰の有無を聞かれると、信仰などもっていないと答えます。海外の人からすれば、信仰がないということは、モラルが欠けているということを意味します。にもかかわらず、無宗教の日本人のあいだでは、かえってモラルが生きているのです。

原罪というキリスト教の前提

日本人は、モラルを確立していく上で、とくに宗教は必要でないと考えています。ところが、新渡戸稲造のことばに驚いたベルギーの法学の大家のように、キリスト教の文化圏に生きている人たちは、モラルを形成する上で宗教は不可欠だと考えています。

宗教の必要性ということを考える上で、この違いはとても重要な意味をもってきます。

人間観として、「性善説」と「性悪説」というものがあります。

性善説は、人間はもともと善なる性質をもっているとする見方です。それに対して、性悪説は、人間はもともとの性格が悪だととらえる見方です。性善説と性悪説は、中国の古代哲学のなかで議論されたことで、孟子《もうし》の性善説と荀子《じゅんし》の性悪説が対比されることが多いのですが、ここでは、もう少し対象を広げてみたいと思います。

キリスト教の場合には、根本的に性悪説の立場に立っていると考えられます。というのも、「原罪」というものが強調されるからです。『旧約聖書』の「創世記」によれば、神によって創造された最初の人間であるアダムとイヴは、ヘビに誘惑された結果、神から食べることを禁じられていた善悪を知る木の実を食べてしまいます。

これによって、アダムとイヴは、自分たちが裸であることを恥ずかしく思うようになります。このことを知った神は、誘惑したヘビに対して、あらゆる獣のなかでもっとも呪われた者になったと告げます。そして、アダムとイヴに対しては、苦しんで子を産み、食べ物を求めて苦しまなければならなくなったと告げました。そして、二人は永遠の楽園である「エデンの園」から追放されてしまいます。

人間が、神との約束を守ることができず、それを破ってしまうという話は、さまざまな民族の神話のなかに出てきます。それによって、人間は何か決定的なものを失ってしまうのです。

ユダヤ教では、アダムとイヴが犯した罪を、その後に受け継がれていく根本的な罪、原罪としてとらえることはありませんでしたが、キリスト教では、この神話的な物語をもとに、原罪が強調されるようになっていきます。

その際に、ヘビは悪魔としてとらえられるようになっていきます。『旧約聖書』のなかでは、ヘビは悪魔と結びつけられてはいません。時代が下ると、悪魔に誘惑されたアダムとイヴは、善悪を知る木の実を食べることで、性の快楽を知ったものと解釈されるようになり、その罪がその後の人類に受け継がれていったととらえられるようになります。

カトリックの信者だった小説家の遠藤周作は、刊行された当時大きな話題になった『沈黙』という作品のなかで、日本人は、この原罪の観念を理解できなかったことを強調しています。だからこそ、キリスト教を正しく理解できなかったと言うのです。たしかに原罪によってすべてが決まるという考え方は、日本人には受け入れがたいものです。

この原罪の観念が、キリスト教のなかで強調されるようになるにあたっては、イエス・キリストの死にまつわる出来事が深く関係します。イエスは、十字架にかけられて処刑されますが、それによって人類全体の罪を贖《あがな》ったと解釈されるようになります。そして、イエスが葬られてから三日目に復活したことは、最後の審判を経て人類全体が永遠の生命を獲得することを預言したものととらえられるようになります。

これによって、アダムとイヴの原罪が、イエスによって贖われるという壮大な物語が完成されました。逆に考えてみれば、イエスの救世主としての偉大さを強調するために、原罪の観念が確立されたとも言えます。

人間が原罪を負っているとするならば、生まれながらにして罪人であるということになります。それを救うことができるのは、イエス・キリストだけです。最後の審判のときに、イエスがふたたびこの地上にあらわれて、それによって裁きが行われ、救われる者と救われない者とが分けられるというのです。

ただ、『新約聖書』の「ヨハネの黙示録」で預言された最後の審判のときは、なかなか訪れませんでした。最初は、すぐにでもそれが訪れると考えられていたのですが、そうはなりませんでした。そうなると、教会の側は、信者が罪から救われるための手立てを提供しなければならなくなります。

カトリック教会では、罪からの救いを与えるために、「懺悔《ざんげ》」の制度を作り上げていきます。懺悔は、告解《こっかい》や告白とも呼ばれます。現在では、「ゆるし」という名で、教会が与えてくれる七つの救済手段、「秘蹟」の一つに含まれています。

カトリックの教会の建物のなかには、信者が聖職者に対して罪を告白するための小部屋が設けられています。罪を犯した自覚をもつ信者は、そこで罪を告白し、聖職者を通して神からのゆるしを得るのです。

こうした制度が確立されたことで、信者は教会に強く結びつけられていきました。信者は罪人である以上、教会によって罪からのゆるしを与えられなければ、救われません。中世のキリスト教会では、罪をゆるすために「贖宥状《しょくゆうじょう》(免罪符)」を販売することさえ行われました。ただ、宗教改革家のマルティン・ルターはそれを厳しく批判しました。

原罪が性と結びつけられることによって、性的な欲望を抱くことは罪深いこととされるようになりました。そこから、禁欲的な態度をとることが重視され、聖職者や修道士、修道女は生涯結婚せず、禁欲を守ることになったのですが、それは一般の信者にまで及びました。子どもを設けるための性行為は許されるが、快楽を求めてのそれは戒められるようになったのです。

そのことは、現代にまで受け継がれてきました。宗教心理学の世界では、若者たちの回心について研究が行われましたが、第二次性徴の時期にさしかかることで回心が起こるという結果が出ました。つまり、からだが成長し性の欲望を感じるようになった段階で、自分を罪深い者として認識するようになり、それが信仰の獲得に結びつくというのです。

日本の若者も、第二次性徴の時期にさしかかり、そこで性の欲望を感じ、異性に対する関心をもつようになります。その際に、欲望を抱くことを恥ずかしいと感じるかもしれません。そして、欲望を抱いていることを隠そうとしたりします。

しかし、日本の若者は、それを自分の罪深さのあらわれとは考えないでしょう。まして、原罪としてとらえることはありません。そうであれば、信仰に救いを求めたりもしないのです。

ただ、日本人であっても、ミッション・スクールへ通っている若者の場合には、事情が変わってきます。ミッション・スクールには中高一貫校が多く、ちょうど第二次性徴の時期に学生生活を送ります。ミッション・スクールでは、とくにカトリック系の学校では、厳格な宗教教育が施され、生徒もそれを通して、自分のなかに芽生えてきた性的な欲望を罪としてとらえるようになっていきます。

その点では、風土よりも、教育の方が重要な役割を果たしているとも言えます。ミッションヨン・スクールの出身者は、性的な欲望を罪として意識することによって、欲望に負けず、禁欲的であろうとするモラルを身につけていきます。

この章のはじめで、新渡戸稲造が『武士道』を書こうと考えた動機についてふれましたが、そのとき彼の頭のなかには、道徳というものが性と深くかかわるという認識はなかったのではないでしょうか。

ところが、ヨーロッパの騎士道においては、特定の高貴な女性を思い定めて、その女性のために武勲をあげることをめざしますが、関係はあくまでプラトニックなもので、性的な欲望を抑制した禁欲的な態度が求められました。

新渡戸はふれていませんが、日本の武士道の世界では、「衆道《しゅどう》」が盛んでした。衆道とは、主君と家臣とのあいだでの同性愛の関係を意味します。主君が亡くなったときには、衆道の関係にあった家臣が切腹し、後を追うといったことが行われ、それが理想ともされていました。

つまり、新渡戸が武士道の本質として強調した死の覚悟の裏には同性愛の関係があったのです。この同性愛は、キリスト教の文化圏では否定され、神の教えに背くものととらえられてきました。そこから、同性愛者に対する差別が生まれ、その影響は今日にまで及んでいるのですが、日本では、同性愛者に対する差別はキリスト教圏ほど強くはありません。

法の宗教としてのユダヤ教

キリスト教の世界における倫理や道徳の背後には、原罪の観念が働いているわけですが、キリスト教の母体となったユダヤ教や、その後に生まれたイスラム教では、「法」ということが極めて重要な意味をもっていて、それが倫理や道徳の源泉になっています。

この三つの宗教は、それぞれの聖典が、ヘブライ語、アラム語、アラビア語というセム系のことばで記されていることから、「セム的一神教」と総称されます。

セム的一神教において信仰の対象となっている神は、本質的に同じものです。キリスト教はユダヤ教のなかの一宗派としてはじまったわけですから、神は共通しているはずです。イスラム教も、ユダヤ教とキリスト教の影響を受けながら形成されていきます。その証拠に、聖典であるコーランのなかには、モーセやイエス、マリアが、ムーサー、イーサー、マルヤムとして登場します。

しかも、アッラーは、『旧約聖書』に登場するアブラハムが信仰していた神とされていますから、神はユダヤ教と共通しています。

神が共通であるということは、三つの一神教は深い結びつきをもっているということを意味します。

ただ、宗教学で行われる分類では、ユダヤ教がユダヤ民族に限定される「民族宗教」とされるのに対して、キリスト教とイスラム教は、イエス・キリストとムハンマドという創唱者のいる「創唱宗教」であり、民族の枠を超えて広まった「世界宗教」ということになります。

ところが、法という側面から見ていくと、むしろ似ているのはユダヤ教とイスラム教であって、キリスト教は性格が違います。

ユダヤ教においては、「ハラハー」と呼ばれるユダヤ法が決定的に重要な意味をもっています。一方、イスラム教においては、「シャリーア」というイスラム法がやはり重要な役割を果たしています。

一方、キリスト教には、このハラハーやシャリーアに相当する法がありません。教会のあり方を規定する教会法はありますが、教会法は、信者の日常の生活を律するものにはなっていません。

ユダヤ教でも、当初の段階では、法は強調されていなかったはずです。民族宗教ということでは、日本の神道も同じですが、神道には固有の法は存在していません。神道の目的は、いかにして神を祀るかにあって、信者の生活を律することは目的にならないのです。

ユダヤ教の場合には、新バビロニア帝国の侵略によって国家が滅ぼされます。それによって、「バビロニア捕囚《ほしゅう》」を経験するのですが、その際に、エルサレムの神殿が破壊されました。

神への信仰を生活の中心においていた人たちが、神を祀る神殿を失ってしまったのですから、それは信仰上の危機としてとらえられました。自分たちは神の教えに背いたからこそ、危機に直面したのだと考えられるようになります。

そこで、ユダヤの人々は自分たちの信仰のあり方を見直し、安息日と割礼を徹底して守ろうとするようになります。安息日は、この世界を創造した神が七日目に休んだことに由来します。ユダヤ教では、金曜日の日没から土曜日の日没までを安息日としています。安息日には、いっさいの労働が禁じられます。割礼は、男性器の包皮の一部を切り取るもので、それはユダヤ人の共同体に加わった証となるものです。

このような形で、神の定めた事柄を忠実に守ろうとする動きが生まれ、それが法の重視へと結びついていきました。神殿が失われたことで、法がその代わりになったのです。もし、ユダヤ教が神殿の宗教から法の宗教へと転換しなかったとしたら、信仰は失われ、ユダヤ人は民族的なアイデンティティーを喪失していたかもしれません。

すべてはシャリーアに従って

こうしたユダヤ教の法を重視するあり方を引き継いだのがイスラム教でした。

イスラム教には、ムハンマドという創唱者がいます。ムハンマドは商人だったようで、コーランのなかには商売に関係する用語が頻繁に出てきて、それが神と人との関係を説明するために用いられます。

ムハンマドのことについては、すでに第二章でふれましたが(65ページ参照)、創唱者が宗教体験をしたところからはじまるという点では、イスラム教はキリスト教に似ています。『新約聖書』には、宗教活動を行うようになる前のイエスが、悪魔によって試された話が出てきます。イエスは悪魔の誘惑を退けることによって、試練を克服し、そこから自らの教えを説くようになったとされています。

しかし、イスラム教には、原罪の観念はありません。また、コーランには世の終わりを予言するような終末論は示されていますが、救世主があらわれて人類全体の罪を贖うという物語にはなっていません。

コーランの内容は啓示が下された時期によって変化していきます。神の啓示は、それが行われた場所によって、「メッカ啓示」と「メディナ啓示」に分かれます。このうち、メッカ啓示は、ムハンマドを中心とした勢力が周囲から迫害を受けていたこともあり、終末論的なものです。ところが、メディナ啓示の方は、メディナに移ることで、周囲にムハンマドを信奉する信徒集団ができたため、現実の生活のなかでいかに信仰活動を行うかを示す内容に変化していきました。

やがて、ムハンマドの言行にかんする伝承が集められ、「ハディース」が作られます。そこでもっとも重要なテーマになっているのは、ムハンマドがいかにして神を祀ったかということです。

ハディースはかなりの量にのぼりますが、そのほとんどは、礼拝を行うときに、いかに清浄さを確保するかという問題が扱われています。たとえば、ムハンマドは、あるときに、「穢《けが》れの状態にある者の礼拝は、清めを行うまでは受け入れられない」(訳は『ハディース』〈中公文庫〉による)と述べたとされています。

ムハンマドは俗人ですから、性行為にも及びます。そのとき、ムハンマドがどうやってからだを清めたかも、ハディースには詳しく述べられています。

日本の神道では、神に対して祈りを捧げる前に、祀り手となる神主は精進潔斎を求められますが、ハディースに記されたことはそれに近いものです。実際、イスラム教の礼拝所である「モスク」には、からだを清めるための水場が用意されています。

イスラム法である「シャリーア」は、コーランとこのハディースがもとになっています。このシャリーアに則った生活を送ることがイスラム教徒のつとめになります。そのなかには、食物規定もあって、豚肉を食べることが禁じられています。これはユダヤ教の食物規定を引き継いだものです。

ただシャリーアは、かなり昔に作られたもので、そのなかには現代の生活には合わないものが含まれます。現代には、その時代にはなかったものがあるからです。

そのため、シャリーアをそのまま現実の生活に適用することが難しい場面が出てくるのですが、その際に、シャリーアをいかにして現代に適用させるかを考えるのが、イスラム教の法学者、ウラマーの役割です。

イランでイスラム革命が起こったとき、その指導者となったアヤトラ・ホメイニは、「法学者による支配」ということを提唱しました。これは、イスラム教の法学者が政治的な支配者になっていくというものでした。こうした考え方が生まれてくるのも、イスラム教の世界では法学者の役割が重要だからです。

最近、イスラム教が広まった地域においては、「イスラム金融」というものが盛んになっています。その背後には、石油を産出することで生み出されたオイル・マネーがあり、その動向が注目されています。

イスラム教では、利子は神の創造によらないものなので、あってはならないものと考えられています。これはユダヤ教やキリスト教にも共通して見られることなのですが、近年のイスラム教復興の動きのなかで、できるだけ神の教えに忠実であろうとして、無利子のイスラム金融を推進する動きが盛んになってきました。

そうしたイスラム金融の機関では、投資先を選ぶときにも、それがシャリーアにかなっているかどうかを問題にします。そのため、金融機関の会議にはイスラム教の法学者も加わり、判断を下す作業にあたります。これを日本にあてはめれば、僧侶や神主が社外取締役として企業経営に参加するようなものですが、シャリーアは、現実の社会生活を律する役割を果たすものなので、こうした事態が起こるわけです。

ユダヤ教のハラハーにしても、イスラム教のシャリーアにしても、それ自体が法であり、各種の法律を作るときの基礎になるものです。さらには、宗教行為や宗教活動を規定するもので、エチケットやしきたりでもあります。そして、何よりモラルを形成する土台にもなっています。

そうした世界では、宗教なしに、倫理や道徳を形成することは考えられません。イスラム教の法学者も、新渡戸稲造に疑問を投げかけたベルギーの法学の大家と同じように、「宗教なし！　それでどうして道徳教育を授けるのですか」と、私たち日本人に問い掛けたくなるに違いありません。

徳と道

では、無宗教を標榜する日本人のモラルというものは、いったい何を基盤にしているのでしょうか。そこに宗教はどういった形でかかわっているのでしょうか。それを考えなければなりません。

日本を含め、東洋の宗教的な伝統のなかでは、まず第一に個人の「徳」というものが重視されてきました。それは人格と言っていいかもしれません。人格者の生き方が、あるべきモラルを示すものだというとらえ方がされてきました。

その代表的な存在が儒教を開いた孔子です。孔子の言行録となったのが『論語』です。『論語』には、弟子たちに語った孔子のことばがおさめられていますが、それは人としてのあるべき理想を示したものとして受け取られています。

孔子が実際にどういった人生を送ったのかもはっきりはしませんし、『論語』におさめられたことばが、孔子という一人の人物にすべて帰せられるわけではありません。

しかし、孔子こそが典型的な人格者とされ、その生き方にならうことが、儒教の信者の理想と考えられてきました。儒教の場合には、教団を形成しないので、信者という言い方は適切ではないかもしれません。儒教を受容した社会に生きる人間全般が、その影響を受けています。

それは、「諸子百家」と呼ばれる中国春秋時代の哲人たちの場合にも同じです。老子や荘子の説いた、現実を離れ、社会的な規範から解放された自由な生き方は、「老荘思想」として後の時代にも大きな影響を与えました。

さらにそれは、仏教の開祖である釈迦についても言えます。釈迦の生涯は、「仏伝」と呼ばれる伝記にまとめられていますが、その生き方は、悟りをめざす人間の理想を示したものとしてとらえられています。

釈迦の前世の物語は『ジャータカ』と呼ばれていますが、それもまた、他者の救済のために自己を犠牲にすることを厭《いと》わない貴い生き方を示したものとして、仏教徒の宗教的な実践に大きな影響を与えてきました。

たとえば、法隆寺に伝えられている玉虫厨子《たまむしのずし》には、その側面に「捨身飼虎図《しゃしんしこず》」というものが描かれています。これは、釈迦の前世である王子が、飢えた虎を助けるために自らを犠牲にする物語です。

中国では、徳のある人格者の生き方は、「道」としてとらえられましたが、日本人は、あらゆるものを道としてとらえようとしてきました。たとえば、茶道や華道、書道などは、芸術的な表現であるにとどまらず、精神的な価値を追求していく宗教的なものとしてとらえられています。武士道もそうした道の一つにほかなりません。

道は、たんなる方法ではありません。それは理想の追求に結びついていきます。しかも、理想が最初から定まっていて、それに少しでも近づいていけば、それでよいというわけではありません。

何が理想かは必ずしも明確にはなっていないので、あらかじめそれが何かは分かりません。その道を実践するなかで、追求するべき事柄が明確になっていき、それを追い求めていくことになるのですが、そこには果てがありません。また、目標にとらわれたり、旧来の方法に縛られ、新規なものを開拓できないということは好まれず、低い価値しか与えられないのです。

道としてとらえられるものは、茶道などの精神文化だけにとどまりません。たとえば、「芸道」ということばがありますが、能や歌舞伎の役者も、邦楽の演奏者も、さらには浪花節語りや演歌歌手でさえ芸道の追求者としてとらえられることがあります。

「政道」ということばもあります。それは、政治のあり方ということですが、そこにはあるべき政治を実現していくという意味が含まれています。たんに合理的に政策を決定するのではなく、倫理や道徳にかなった政治を実践し、世の中をおさめていくことが政道なのです。そして、正しい政道を実践する為政者には徳を備えていることが求められます。

経済活動や、さまざまな職業も、たんなる金儲けや生活費を稼ぐための手段ではなく、やはり道としてとらえられます。たとえば、商人なら、自分の利益だけを考えて行動するのではなく、商売を行う上でかかわりをもつ売り手や買い手のことを考えて、その利益になる方向をめざさなければならないと考えられます。それは、あらゆる分野や職業に及ぶことで、日本では誰もが道の実践者としてとらえられているとも言えます。

道が設定されることによって、その道から外れることは、モラルに反する振る舞いと考えられます。道の追求は、モラルを確立していくということにも結びついていきます。

共同体のモラル

徳や道といった考え方は、もともと中国の儒教のなかで説かれたもので、日本はその影響を受けたわけです。

ただ、中国においては、儒教の倫理道徳を実践するのは、社会のなかの上層階級であって、それは庶民には無縁なものでした。それは中国から儒教を取り入れて、それを国の柱にした朝鮮王朝にもあてはまることです。

日本に儒教が伝来した当初の段階では、やはり上層階級のもので、公家や、その後台頭した武家にとっては重要でも、庶民にまでは広がっていきませんでした。

ところが、時代が下っていくにつれて、徳や道といった考え方は、庶民層にまで広がりを見せていきます。たとえば、道の考え方は、農業にも応用され、農業の実践がやはり道の追求としてとらえられるようになっていきます。

そうした考え方をとった代表的な人物が、江戸時代の末期に活躍した二宮尊徳でした。尊徳と言えば、薪を背負って本を読んでいる像が有名ですが、その教えは「報徳思想」として受け継がれ、多くの人たちに影響を与えました。

報徳思想の中心にあるのは、「至誠」「勤労」「分度」「推譲」という四つの要素でした。至誠や勤労というのは分かりますが、分度というのは、自分の力を自覚し、その範囲内で生活をしていくことを意味します。推譲は、自分がこれまで受けてきた恩に報いるために無償の奉仕活動を実践することを意味します。

この報徳思想を後世に伝えていくための運動体として、「報徳社（大日本報徳社）」が生まれ、そこが実践する運動は「報徳運動」と呼ばれるようになります。尊徳が説いた教えは、そうした運動を通して多くの人たちに受け入れられていきますが、産業界、実業界にも影響を与えてきます。たとえば、今日のトヨタ自動車を生んだ豊田自動織機製作所の創立者、豊田佐吉は、日蓮の国家主義の思想とこの報徳運動の影響を強く受けています。

尊徳は、自らが説く教えの根拠を神や仏には求めませんでした。それでも、その思想の信奉者が生まれたのは、尊徳自身が報徳思想の実践者だったからにほかなりません。尊徳は、武家や藩の財政の立て直しを引き受け、それをやり遂げていきますが、そのときに報徳思想の原則を活用しました。尊徳自身の徳が、その思想に価値を与え、根拠を与えるものになっていったのです。

ただ、そこで重要なのは、報徳思想を受け入れた人々の社会的な背景として、村落共同体が存在したことです。

全国各地に村落共同体が形成されるのは、近世に入る前の時代、中世末期のことでした。そうした村においては、主に稲作が営まれていましたが、稲作を実践する上では、いかに田に水を引くかが決定的に重要な事柄で、水利の管理を共同で行うことが求められます。

そこに村が共同体としての性格をもたざるを得なかった根本的な原因があります。

畑は単独で耕作することができますが、水田の場合には、それができません。水田は、同時に水路の役割を担っていて、水は上の田から下の田へと流れていきます。田と田は、水の流れによって結びついています。それぞれの田は、それを耕作する個人、あるいは個個の家の所有物でありながら、必然的に共同体の管理下におかれます。

それは、たんに稲作という農業の方法だけにかかわることではなく、生活全般にかかわることで、個別の農家の生活は、共同体のおきてや取り決めに従わなければなりません。「村八分」のような制裁が下されたのも、それぞれの家が勝手な振る舞いに及べば、共同体の秩序が崩れ、ひいてはそれが個々の家の生活に甚大な影響を与えるからです。

村では、決めごとをする際には、「寄り合い」を開きました。寄り合いでの決定は全員一致が原則で、多数決は用いられません。なぜなら、メンバーのなかに不満が残れば、それがいつ噴出することになるか分からないからです。

村落共同体に生きる人間は、個人の利害よりも、共同体の利害を先に考えなければなりません。個人の利害が共同体の利害と衝突するようなときには、共同体の利害を優先しなければなりません。それが一つのモラルとして、共同体のメンバー全員に課されることになったのです。

こうした共同体の原理は、村落以外の日本の組織にも受け継がれていきました。たとえば、企業にもそれが見られます。日本の企業に特有の経営方法は、「日本的経営」と呼ばれますが、その三本柱となったのが、終身雇用、年功序列、企業別組合です。

そうした経営方法がとられることで、企業に雇われた個人は共同体としての企業のなかに組み込まれ、企業の利害を優先するような行動をとるようになっていきます。企業の利益が損なわれれば、それは個々のメンバーにも多大な影響を与えます。そもそも企業が倒産してしまえば、一挙に生活手段を奪われてしまいます。

日本社会のなかで、こうした共同体の原理が重要な意味をもったために、学校も、生徒に教科を学ばせる場であるとともに、共同体の原理を身につけさせる場として機能するようになりました。

日本の学校では、集団での組織的な活動が重視されます。運動会や学芸会、あるいは入学式や卒業式といった儀式を整然と実行できるよう訓練が施されます。日々の掃除からはじまって、遠足や修学旅行など、集団で活動する機会がふんだんに用意されています。それを通して生徒は、共同体のなかでどのように振る舞えばよいのかを学習していくのです。

このように見ていくと、日本の社会においては、人々がモラルに従って生活していくための仕組みが備わっているということが分かってきます。

私たちは、神や仏によって定められたものであるから、モラルを守るわけではありません。むしろ、モラルを守って生活することが、社会生活を円滑に送る上で、あるいは人生をまっとうなものにしていく上で、自分たちに好ましい影響を与えるからこそ、それに積極的に従っていこうとするのです。

おそらくそこには、価値観の異なる他国や他民族の侵略を受けることなく、価値観を共有した人間たちだけで生活してこれたという、日本の恵まれた環境がかかわっていることでしょう。

同じアジアに属している中国やインドでは、経てきた歴史がまったく異なります。どちらの国でも、国内での大規模な騒乱や他民族による侵略を経験してきました。中国が共産主義の体制を選択したのも、インドで未だにカースト制度が生きているのも、社会の秩序を維持する上で、そうしたシステムを必要とするからです。それがなければ、モラルが失われ、社会は混乱状態に陥っていく危険性があるわけです。

日本人が、自分たちのことを無宗教だと言ってはばからないのも、宗教に頼らなくても、社会にモラルが行き渡る仕組みができあがっているからです。

あるいは、こうした共同体の倫理を一種の宗教としてとらえることも可能です。そこには、教えの体系があり、あるべき行動様式が明示されているからです。それは、神道や仏教といった形で、教団組織をとっているわけではありません。しかし、共同体の倫理は、宗教の倫理と同じ働きをしています。

実際、そうした部分をさして、「日本教」といった表現が使われることがあります。日本には、日本人だけが信じ、実践している日本教という宗教が存在するというわけです。そうした日本教という隠れた宗教があるからこそ、日本人は一見、宗教なしに倫理や道徳を確立しているように見えてくるのです。その点では、やはりモラルの形成には、宗教が必要とされると言えるのです。

第五章

神が究極の親であるならば

多神教にも違いがある

私たち日本人は、神という存在について、それほど真剣に考えてみることがありません。ところが、両方をあわせて世界の宗教人口の半分以上を占めているキリスト教やイスラム教の世界においては、神という存在は極めて重要な意味をもっています。重要どころではなく、決定的な意味をもっています。

何より、この二つの宗教の信者は、常日ごろから神の存在をはっきりと意識しています。日本にも、神道という宗教があります。神道では、キリスト教やイスラム教と同様に神を祀っています。ただし、その神はたくさんあり、「八百万《やおよろず》の神々」という言い方がよくされます。それをもって、神道は多神教であると言われます。

さらに日本人は、多神教と、キリスト教やイスラム教などの一神教とでは性格が大きく違っていて、一つの神しか信仰することが許されない一神教は排他的であるのに対して、さまざまな神を祀る多神教は寛容だと考えたりします。宗教による対立や宗教戦争、テロなどが勃発した際には、とくにこの点が強調され、多神教の方が好ましいとされます。

たしかに多神教と一神教とでは、その性格に大きな違いがあります。しかし、たいがいの場合は、両者の比較にとどまってしまっていて、日本人はそれ以上神について考えようとはしません。

しかし、それでは不十分です。

そもそも、神道は多神教だという点についても、改めて検討を加える必要があります。多神教の国は日本だけではありません。インドも、そして中国も、とくに道教を基盤とした民間信仰の世界は多神教です。

ところが、インドのことを考えてみればはっきりするのですが、インドでは神々はそれぞれ独自の形をもったものとして表現されます。踊るシヴァ神や、象の頭をもつガネーシャのことを考えてみるとよいでしょう。神々は、どれも美しく飾られ、そこには色彩豊かな世界が展開されています。道教の神々の場合も同じです。

それに対して、日本の神道の世界では、たくさんの神が存在するとはされているものの、それぞれの神が姿形あるものとして表現されるわけではありません。日本の神道の神は、基本的に固有の形をもたないものなのです。

歴史を遡ってみれば、一時期、そこには仏教の影響があることは間違いありませんが、「神像」が作られた時期があります。神像は、神社や、神社の境内に創建されたお寺である

「神宮寺《じんぐうじ》」などに祀られました。

ただし、神像にはそれほどバリエーションがありませんし、それがどういった神なのか、はっきりしないものが多いのです。女性の姿をしているから女神だとか、男性の姿だから男神だとされているだけなのです。

「僧形八幡神《そうぎょうはちまんしん》」と呼ばれる神像はいくつか例があって、これになると美しく彩色されているものもあります。けれどもこれは、神がその境遇から解脱したいと願って出家し、僧侶になって修行に励んでいる姿を描き出したもので、むしろ神道よりも仏教の方が優位であることを示しています。

神道の世界では、イスラム教でのように、偶像崇拝が厳格に禁止されてきたというわけではありません。神道には、明確な教えというものがありませんし、それを説く教祖や開祖のような人物もいないわけで、神を姿形あるものとして描いてはならないと強く主張されてきたわけではありません。

しかし、神というものは、普段は天の世界にいて、儀式を行う際に呼び出されることで地上にあらわれるものと考えられていたせいもあり、固有の姿形をもたないまま、ずっと来てしまったのです。それで格別不都合はありませんでしたし、むしろその方が神にふさわしいと考えられてきました。

村の鎮守として祀られた神などの場合は、それがいったいどういう神なのか、明治以前の時代には、それさえ定かではありませんでした。明治の時代になって、神道が国の管理のもとにおかれるなかで、村の鎮守の祭神にも名前が与えられていきますが、それ以前は、ただ「お宮さん」とか「鎮守さま」などと呼ばれているだけでした。今でもその感覚は消えていません。

こうした点で、日本の神道は、インドや中国の多神教とはかなり性格が違います。果たして両者を同じものと考えてしまってよいのか、それは大いに問題です。

むしろ、日本における多神教とは仏教の方なのではないでしょうか。仏教の世界では、無数に仏像が作られてきました。しかも、初期のものは鍍金《ときん》されたり、極彩色に彩られていました。今では、金や色が剝げてしまっていて、そこに日本人はかえってひかれたりしますが、そうした意識が生まれたのは、「わび」や「さび」といった美意識が確立されてからのことです。

日本の仏像が色彩豊かなのも、もともとそれがインドの神々に由来するわけですから、当然のことです。

たとえば、映画『男はつらいよ』のシリーズでお馴染みの帝釈天は、インドラの神が仏教に取り入れられたものです。大黒様（大黒天）は、シヴァ神の化身であるマハーカーラに遡ります。

このように、インドの神々が仏教のなかに取り入れられ、仏像として表現されるようになったことも、神道の神々をあえて姿形あるものとして表現しようとする試みを盛んにしなかった原因かもしれません。

そうしたこともあって、私たちは、神社を訪れ、社殿の前で祈ったときには、そこに祀られた神のことを意識しますが、神社を離れ、日常の暮らしのなかに戻ってしまうと、神のことをほとんど意識しないのです。

同じ神でも根本的な性格が違う

神道で信仰の対象となっている神々のなかには、『古事記』や『日本書紀』といった神話のなかに登場するものがあります。天照大神《あまてらすおおみかみ》や大国主《おおくにぬし》などがその代表です。

ところが、神社の数としてはもっとも多い、八幡神《はちまんしん》の場合には、神話のなかにそのまま登場するわけではありません。また、菅原道真の霊を祀った天満宮のように、人を神として祀ったものの方が、多くの人たちの信仰を集めていたりします。

　なぜ神話に登場しない神々が信仰を集めているのかという点は興味深いところではありますが、神話に登場する神々の姿を見ていると、ほかの神々と対立したり、恋をしたりと、かなり人間的な側面を示しています。皆、人間くさいのです。これは、ギリシア神話に登場する神々と共通しています。

　したがって、日本の神話には、神によって天地が創造されるような場面は登場しません。世界のはじまりは「天地開闢《てんちかいびゃく》」と言われますが、最初から天地があって、そこに天之御中《あめのみなか》主神《ぬしのかみ》をはじめとする神々があらわれたとされますが、最初に登場する神々は、何もしないまま姿を消してしまいます。

　ようやくイザナギノミコトとイザナミノミコトがあらわれて、日本の国造りがはじまりますが、それまでに登場した神々は、その作業には直接にはかかわりません。

　これに対して、『旧約聖書』の「創世記」の冒頭では、神によって天地が造られていく様子がつづられています。

　まず神は、真っ暗闇のなかから光を作り出し、昼と夜を分けます。次に天を作り、その次に大地を作ります。すると海が生まれ、大地には植物が生えます。神はそこで、太陽と月と星を作り、動物を作り、最後に人間を創造します。

こうした天地創造の場面を壮大なスケールで描き出したものが、ヴァチカン宮殿のシスティーナ礼拝堂を飾る天井画です。

システィーナ礼拝堂は、一五世紀にローマ教皇の礼拝堂として建設されたもので、「プリマヴェーラ」や「ヴィーナスの誕生」で知られるサンドロ・ボッティチェッリの描いた壁画などで彩られていました。

建設された当初は、天井には天空が描かれているだけでしたが、教皇となったユリウス二世は、ミケランジェロに天井画の制作を命じました。

ミケランジェロと言えば、サン・ピエトロ大聖堂の「ピエタ」や、もともとはフィレンツェのヴェッキオ宮殿の前に設置されていた「ダビデ像」で知られているように、自分のことを彫刻家と考えていましたので、天井画の制作は不本意な仕事ではあったようです。それでもミケランジェロは、「創世記」に記された天地創造やアダムとイヴの創造、楽園追放や大洪水など、九つの場面をたった一人で描き出していきました。それは渾身の作業となりました。

しかも、天井画が完成して二十数年後に、ミケランジェロは、当時の教皇であるクレメンス七世から、祭壇の背面に壁画を描くように要請されました。その制作がはじまったのはクレメンス七世の死後になりますが、ミケランジェロは「マタイによる福音書」に示された最後の審判の場面をフレスコ画として描きました。

そこには、イエス・キリストを中心とした天国の様子も描かれていますが、一方で、凄惨な地獄のあり様も描かれています。それについてはダンテの『神曲《しんきょく》』からインスピレーションを得たとされています。

この壁画が制作されたことによって、システィーナ礼拝堂のなかには、人類の創造からはじまって最後の審判へと至る人類の歴史が壮大なドラマとして描き出されることになりました。

システィーナ礼拝堂の天井画と壁画に接した人間は、ミケランジェロの偉業に賛嘆の声をもらすとともに、この世界を創造し、また、その世界に終わりをもたらす神の力の大きさに圧倒されることでしょう。

それに対して、日本の神々の場合には、世界を創造したわけではありません。人間には到底不可能な壮大な事業を成し遂げたわけではないのです。

となると、唯一絶対の創造神と八百万の神々に、同じ「神」ということばを使ったことが、あるいは今でも使っていることが果たして正しいのかどうか、その点が疑問になってきます。

もちろん、現代においては科学が発達し、宇宙が創造されてきた過程についても研究が進んでいます。宇宙の創造にかんしては、「ビッグバン・セオリー」が有力です。宇宙は、無の状態のなかから忽然と生み出され、爆発的に膨張していくことで、今日のような姿をとってきたというわけです。最初の爆発は、およそ一三七億年前に起こったと推測されています。

これは理論的に導かれたもので、本当にそんなことが起こったのかどうか、私たちは確かめることができません。目に見えるような具体的な証拠があるわけでもありません。あくまで仮説であるとも言えます。

ビッグバン・セオリーは、『旧約聖書』に説かれた神による天地創造の物語と矛盾し、両立しません。ビッグバン・セオリーを正しいと考えるなら、神による創造はなかったことになります。

これは、『旧約聖書』に記されたことには間違いがないと考える人間にとっては衝撃的なことです。この宇宙が神によって創造されたものでないとしたら、神への信仰自体が崩れ去っていくかもしれないからです。

多くの人たちはそれでも、科学的な説明と信仰とは別だと考え、ビッグバン・セオリーを受け入れつつ、信仰生活を続けているわけですが、なかには、ビッグバン・セオリーを信仰の立場から否定しようとする人たちもいます。

あるいは、生物の進化の過程を説明する「進化論」を否定するキリスト教徒もいます。彼らは、人間が猿から進化してきたなどということは到底受け入れがたいと、進化論を拒否します。

それは、とくに聖書の記述には一切間違いがないと考える「キリスト教原理主義」の立場をとる人たちに多いのですが、アメリカの原理主義者のなかには、学校で進化論を教えることに強く反対してきた人たちがいます。その対立は今も続いていて、この問題が法廷に持ち込まれることもあります。

それだけ、キリスト教のなかには、神による創造を絶対的なものと考える人たちが少なくないのです。彼らは、神という存在をリアルなものとしてとらえ、その力が今の世界にも及んでいると考えます。この感覚は、日本人には根本的に欠けているのではないでしょうか。

つねに意識される神の存在

一神教の世界に生きている人たちは、常日ごろ神の存在を実感し、それを意識していま す。イスラム教徒の場合には、意識せざるを得ないとも言えます。

イスラム教の信者にとって、一日五回の礼拝がつとめになっています。地域や国、あるいは個人によって、どの程度熱心に礼拝を行うかは異なっていますが、礼拝する人たちは、モスクに行くか、自宅や職場でメッカの方向に向かって座り、体を地につけて祈りを捧げます。

イスラム教の国では、礼拝が行われる時刻になると、モスクからコーランを朗唱する声がスピーカーを通して響いてきます。それは「アザーン」と呼ばれますが、町中に響くコーランの朗唱は、その町に生きる人々に神の存在を意識させます。

イスラム教では、一年に一度「断食月」がめぐってきます。断食の終わる時間が過ぎると、皆一斉に食事をとり、まるでお盆や正月のようになるのですが、断食を通して、イスラム教徒はやはり神の存在を意識します。

その意識は、やはり一年に一度めぐってくる「巡礼月」に、イスラム教最大の聖地であるメッカに巡礼に出かけたときにはとくに強くなります。巡礼月には、世界中からイスラム教徒がサウジアラビアのメッカにやってきて、その中心にあるカーバ神殿のまわりをめぐります。巡礼者たちは、その際に、同じ神を信仰する膨大な数の仲間がいることを実感するわけですが、同時にそれは、それだけの人間を世界各地から引き寄せる神の偉大さを再確認することにつながります。

イスラム教徒は、礼拝の際に、カーバ神殿のあるメッカの方角に向かって祈りを捧げるわけですが、かといって神はこの神殿のなかにいると考えているわけではありません。神のいる場所は特定されていません。むしろ、あらゆるところに遍在していて、世界そのものが神と同一視されています。イスラム教の信者たちは、自分がつねに神とともにあるという感覚をもっています。

それは、イスラム教だけではなく、キリスト教の場合も同じです。あるいは、この二つの宗教の源流となったユダヤ教の場合も共通しています。

キリスト教では、一日五回の礼拝が定められているわけではありませんが、しばしば神に祈りを捧げます。それは、日曜日に教会で行われる礼拝のときにも行いますが、日々の暮らしのなかで、何か問題に直面したり、反対に喜ばしい出来事が起こったときには、神に祈ります。

ホームランを打った大リーグの選手が、ホームベースの上で天をさすのは、神に感謝を捧げるためです。サッカーの選手も、ゴールをすれば、十字を切って神に感謝します。神は教会のなかにいるわけではなく、天にあって、つねに人間を見守っているものと考えられています。ですから、キリスト教の信者はいつでもどこでも祈りを捧げるのです。

そうした感覚を生む上で、聖書に記された物語が大きな役割を果たしてます。そこには、人と神とがどのようなかかわりをもってきたかがつづられています。神はときに直接人間に対して語りかけ、その生活に介入してくるのです。

たとえば、『旧約聖書』の「創世記」には、アブラハムをめぐる物語が語られています。アブラハムは、サラという女性を妻にしますが、二人の間にはなかなか子どもが生まれません。子どもを授かるのは、二人がかなり高齢になってからのことでした。そのときアブラハムは、なんと一〇〇歳でした。

やっと授かった子どもですから、アブラハムとサラにとってはかけがえのない存在です。ところが、神はアブラハムに対して、過酷にも、その子どもを犠牲として捧げるように命じます。

アブラハムは、この神の命令に対して少しもためらうことなく息子を犠牲に捧げようとします。犠牲に捧げるということは、息子の命を断つということです。アブラハムが、息子を手に掛けようとしたとき、神は、「その子に手を下すな。何もしてはならない」と制します。神は、アブラハムが「神を畏れる者であることが、今、分かったからだ」と言うのです。

神はアブラハムの信仰を試しました。その試練を克服したアブラハムは、厚い信仰を持つ人間の典型として考えられるようになります。その影響は、『旧約聖書』を聖典としていないイスラム教にまで及びました。イスラム教では、自分たちが信仰の対象にしているアッラーは、アブラハムが信仰した神であるととらえられています。

神は、アブラハムの前にその姿をあらわしたというわけではありません。けれども、アブラハムに対して、命令を下しています。神は直接、人間の暮らしに介入してきているのです。

あるいは、『旧約聖書』のなかに「ヨブ記」というものがありますが、これも、神が、信仰熱心なヨブという人間を試す話になっています。

神は、たんに天にいて人間を見守っているだけではありません。アダムとイヴの話もそうでしたし、人間にとって最初の殺人となるカインとアベルの話でもそうですが、神は人間に直接語りかけてきます。さらに、モーセに対しては十戒を授けました。『旧約聖書』の神は、人間の生活に直接介入してくる存在です。ですから、『旧約聖書』を聖典とするユダヤ教の人たちも、キリスト教の人たちも、神は直接自分たちに影響を与えてくると考えているのです。

日本の神も託宣を下したりします。その点では、人間の生活に介入しているとも言えますが、託宣が下されるのは神社のように神が祀られている特定の場においてです。いきなり神のことばが天から聞こえてきたりはしないのです。

究極の親としての神

『旧約聖書』は神話で、それは古代のものですが、ユダヤ教やキリスト教、あるいはその影響を受けたイスラム教の世界では、現代においても、この地上には神の力が及んでいると考えられています。

ユダヤ教やイスラム教では、第四章でふれたように、神の定めた法が決定的な重要性をもっていて、信者の生活を規定し、規制しています（128〜133ページ参照）。

キリスト教には、そうした宗教法はありませんが、すでに見たように、神による創造こそが真実であると考え、科学の理論を否定するような人たちもいます。

さらに言えば、科学の世界にまで、こうした信仰が影響を与えています。その典型的な事例が生命倫理と呼ばれる分野に示されています。

科学や医学が発達することによって、人間は生命を操作したり、生殖活動に人為的に介入できるようになってきました。しかし、どこまでそれを推し進めてよいかが議論になっていて、その範囲を定めようというのが生命倫理の試みになります。

日本で生命倫理と言うと、脳死や、それを前提とした臓器移植のことが思い浮かぶかもしれません。脳死を人の死として認めるかどうかでは、かなり活発な議論が行われました。脳死は絶対に認められないと主張する人たちも少なくありませんでした。

ところが、欧米の社会では、生命の終わりとしての人の死よりも、生命のはじまりの方に対する関心が強く、先端生殖医療の分野で、どこまで人間が介入していいのかどうかに議論が集中してきました。

そこには、生命の創造は神の役割であって、人間が無闇に介入してはならないという宗教的な発想が深くかかわっています。今は、生命倫理の領域においてどういった基準を定めるかはグローバルな議論になっていて、日本の科学者や医学の研究者もその影響を受けざるを得ませんが、彼らにとってはなぜそこまで慎重にならなければならないのか理解できない場面が少なくないようです。それも、日本人には、生命のはじまりに介入することが神の領域を犯すことになるという認識が欠けているからです。その感覚がないと言った方がよいかもしれません。

あるいは、経済の分野について考えてみても、一神教の世界では、神という存在がそこに深くかかわってきます。すでにイスラム金融については、第四章でふれました（132〜133ページ参照）。

ユダヤ教やキリスト教でも、伝統的に利子は否定されてきたのですが、ほかの宗教の信者から利子をとることについては認められてきたために、中世において、ユダヤ人が金融の分野に進出し、キリスト教徒がそれを借りるという今日の金融システムの基礎が築かれました。したがって、利子をとらないユダヤ教金融やキリスト教金融の試みは生まれませんでした。

ただ、キリスト教の世界には、「神の見えざる手」という考え方があります。これは、経済学の父と言われるアダム・スミスが最初に唱えたこととされていますが、実はスミスは、そうした言い方をしていません。「見えざる手」という言い方はしていますが、市場に対する規制をなくせば、それで市場は自動的にうまく働くなどと、スミスは考えてはいませんでした。神の見えざる手ということばを生み、市場に万能の力があると考えたのは、後世のキリスト教世界の人間たちでした（詳しくは拙著『金融恐慌とユダヤ・キリスト教』〈文春新書〉を参照してください）。

そして、金融資本主義の傾向が著しく強くなっていった一九九〇年代の終わりには、「市場原理主義」ということばも生まれました。これを信奉する人たちは、市場に任せていれば、すべての問題は解決すると考えたのですが、その背景には神の見えざる手に対する信仰がありました。

最終的には神がなんとかしてくれると考えるわけですから、神の見えざる手の発想にしても、市場原理主義にしても、それは、神にすべてを委ねてしまう生き方につながります。それも、一神教の世界では、神が絶対的な存在として人間の世界を支えてくれているという信仰が根強いからです。

キリスト教の神は、「父なる神」とも呼ばれますが、それは神が究極的な親としてとらえられていることを意味します。キリスト教を信仰するということは、神という究極の親に自分たちの生活のすべてを任せてしまうことを意味するのです。

親の重要性

神が究極の親として君臨し、それにすべてを委ねられるならば、人間にとって、これほど楽なことはありません。また、何か面倒なことが起こっても、神が解決してくれるのですから、人間は安心して暮らすことができます。

ユダヤ教の神は、「ねたむ神」と言われます。モーセに下された十戒の最初には、「あなたはわたしのほかに、なにものをも神としてはならない」とあって、人間が自分以外の神を信仰することを真っ向から否定し、その行為を戒めています。これは、神がほかの神をねたんでいるようにも聞こえる言い方です。

そして、ユダヤ教の神は、『旧約聖書』を見る限り、自分に対して背いた人間に対しては、つねに厳しくあたっています。ノアの方舟《はこぶね》の話に示されているように、悪をなした人間をことごとく滅ぼしてしまうことも厭《いと》いません。

それに対して、キリスト教の神は「愛の神」と呼ばれます。厳しい父なる神に比べて、地上に下された神の子としてのイエス・キリストは、隣人愛の教えに示されているように、いかなる人も愛するように説きます。そして、自らは十字架にかけられて殺されてしまいますが、復活を果たすことで、人類全体を救済することを約束します。

さらにイスラム教の神ともなれば、くり返しその慈悲深さが強調されています。聖典であるコーランの各章の最初には、「慈悲深く慈愛あまねきアッラーの御名において」ということばが入っています。イスラム教の神は、「慈悲の神」なのです。

すでに述べたように、ユダヤ教、キリスト教、イスラム教の神は、それぞれが別な神ではなく、本来は一つの神です。したがって、その神には、怖い側面もあるけれど、基本的には限りない優しさを示す性格が備わっているということになります。まさにそれは、親のイメージにかなっています。

絶対的な安心感を与えて欲しいと考える人間にとっては、究極の親としての神は好都合な存在です。だからこそ、そうした神の観念が生み出され、信仰として受け継がれてきたと考えることもできます。

しかも、神が最終的な責任をとるのですから、人間の側は自分たちで責任をとる必要がありません。神にすがってさえいればいいのです。そうなると、自分で努力しようという気持ちが薄れていきます。神がなんとかしてくれるなら、自分は責任をとる必要もないし、努力する必要もない。それは、勤勉に働かなくてもいいという意識に結びついていきます。

キリスト教の世界で勤勉さを尊ぶ考え方が生まれたのは、マルティン・ルターによる宗教改革が起こり、「天職」ということが言われるようになってからだとされています。神によって救われると定められている人間は、禁欲的な態度で労働に臨み、奢侈《しゃし》に走ったりはしないとされるようになったのです。

しかし、宗教改革によって生まれたプロテスタントにおいても、神は絶対の存在として考えられていましたから、神にすべてを委ねるという考え方は変わりません。

それに対して、日本の宗教の世界においては、神は絶対の存在ではなく、人間がすべてを委ねることができる究極の親にはなり得ません。

そこには、日本の国土のあり方が影響していることでしょう。日本は、四季もあって豊かな自然に恵まれています。緑豊かで、雨の恵みもあります。

しかし、その分、自然災害に見舞われることが少なくありません。これだけ地震が多い国もありません。周囲を海に囲まれているために、くり返し津波の被害にもあってきました。さらに、台風などの風水害の被害も深刻です。現在では、自然災害の被害を食い止めようと、さまざまな手段が施されてはいますが、東日本大震災を通して明らかになったように、いくら対策を立てても、かえって裏目に出るようなこともあります。

地震が多発するのは、火山が多いからで、逆にその分、作物は豊かで、各地に温泉が湧いています。豊かさと災害の多さとは裏表の関係にあります。これだけ自然災害の多い国に一億人をはるかに超える人々が住み続けているのも、一方で自然に恵まれているからです。

一神教の世界で深刻な自然災害が発生したら、人々は、なぜ神は自分たちにこのような試練を与えたのかと強く嘆くことでしょう。しかし、日本では、いくら嘆いても、災害がくり返されるのを食い止めることはできません。あるいはそこに、日本人が神にすべてを委ねられない根本的な原因があるかもしれません。日本人は、その自然環境のゆえに、神を究極の親として頼ることができないのです。

神に頼ることができないのであれば、自分たちでなんとかしなければなりません。日本人は、ずっとそのように考えてきたのではないでしょうか。だからこそ、前の章で述べたように、個人の徳や、あるべき道ということを重視し、共同体の結束を強めることで、自分たちの生活を守り、豊かさを実現しようとしてきたのです。

自然災害に襲われ、甚大な被害を被ったときに、それですべてを諦めてしまえば、この国では生きていけません。たとえ、近しい人間を失い、それまで築いてきた経済基盤をすべて失っても、そこからなんとしても立ち直っていくしかないのです。

そして、究極の親としての神に頼れない以上、私たち日本人は自分たちが親となり、親としての責任をまっとうしなければならないと考えてきました。

日本で親の責任ということが問われるのも、それと関係します。子どもが悪事に走れば、それを許してしまった親の育て方が悪いとされ、親はその責任を追及されます。

日本の社会が宗教の力を借りずにモラルを確立できたのも、この親としての責任をまっとうしようとする意識が広まっているからではないでしょうか。たとえ、自分に子どもがいなくても、社会のなかでは目下や自分より力のない人間の面倒を見ることが求められます。「親方」ということばがありますが、年が上になれば、誰もがこの親方としての責任をとるよう求められていきます。

日本の社会のなかで、ずっと「祖先崇拝」ということが重視されてきたのも、この点が関係します。祖先として子孫の崇拝の対象となるためには、生きているあいだに親としての責任を果たし、子どもたちや孫たちが生活に困らない基盤を作り上げていかなければなりません。下の世代の面倒を見られる人間としての責任をまっとうした者だけが、崇拝の対象となり得るのです。

祖先として祀られるということは神になることを意味します。日本人は自分自身が神となることで、絶対的な存在にすがらないでもすむ社会を作り上げてきたのです。

あとがき

宗教の力はなかなか衰えません。

私が宗教学を学びはじめたのは、今から四〇年ほど前のことになります。その時代には、宗教というものはすでに時代遅れで、これからの社会では力を失っていくと考えられていました。日本だけではなく、世界全体でそのように考えられていました。

しかし、果たしてそれで社会は成り立つのだろうか。そんな考え方もあって、宗教の代わりになるものは何かといった議論も熱心に行われていました。

ところが、現在になってみると、状況は大きく変わってしまいました。一時期、衰えたかに見えた宗教は、すっかり力を取り戻しています。とくにイスラム教の復興には目覚ましいものがあります。キリスト教の勢力も衰えを見せず、アメリカなどでは政治にも強い影響力を発揮しています。

中国では、市場経済への移行が進むなかで、キリスト教への関心がとくに高まっているとも伝えられています。仏教なども復興しているようです。

本文のなかでも少しふれましたが、経済の世界にも宗教は影響を与えています。今、すぐにでも宗教が衰えていくと考える人はいないでしょう。それほど宗教は根強く、意外なほどしぶといものなのです。

ただ、私たち日本人は、自分たちのことを「無宗教」だと考えているせいもあって、宗教をそれほど重要なものとは考えていません。そもそも宗教についてまともに考えてみようとはしないのです。

そこに、今や世界とのギャップが生まれています。日本人は無宗教でも、世界のほかの国々の人たちは、決して無宗教ではないのです。

グローバル化が進み、日本人も、自分たちとは異なる宗教をもつ人々とかかわる機会が増えてきました。宗教は、それぞれの人間の世界観の基盤であって、発想の原点になるものです。

その点で、その人がどういった宗教を信じているかが、その人間を知るために決定的に重要なことであるとも考えられています。

私たちが海外に出ていけば、「あなたの宗教は何ですか」と聞かれることもあります。そのとき、私たちはどう答えればよいのでしょうか。無宗教と答えたら、相手は怪訝な顔をすることでしょう。では、仏教徒と答えるべきでしょうか。あるいは神道の信者だと名乗るべきでしょうか。

その答えを考えるためには、やはり宗教について知らなければなりません。人間はなぜ宗教を必要とするのか。この本を読んで、それをじっくり考えていただきたいと思っています。

二〇一二年一〇月

島田裕巳

島田裕巳 しまだ ひろみ
一九五三年、東京都生まれ。宗教学者、作家。
東京大学大学院人文科学研究科博士課程修了。
放送教育開発センター助教授、日本女子大学教授、
東京大学先端科学技術センター特任研究員などを歴任。
『葬式は、要らない』
『浄土真宗はなぜ日本でいちばん多いのか』（共に幻冬舎新書）、
『創価学会』『世界の宗教がざっくりわかる』（共に新潮新書）、
『オウム真理教事件Ⅰ・Ⅱ』（トランスビュー）、
『小説日蓮 上・下』（東京書籍）など著作多数。

写真提供
岡山県古代吉備文化財センター［p15］
有志八幡講［p35］
清浄光寺（遊行寺）［p74］
アマナイメージズ
©Deloche Lissac/Godong/Corbis/amanaimages［p105］

知のトレッキング叢書

宗教《しゅうきょう》はなぜ必要《ひつよう》なのか

二〇一二年一二月一九日　第一刷発行

著　者　島田裕巳《しまだひろみ》

発行者　館　孝太郎

発行所　株式会社集英社インターナショナル
〒一〇一-八〇五〇　東京都千代田区一ツ橋二-五-一〇
電話　企画編集部　〇三(五二一一)二六三〇

発売所　株式会社集英社
〒一〇一-八〇五〇　東京都千代田区一ツ橋二-五-一〇
電話　販売部　〇三(三二三〇)六三九三
　　　読者係　〇三(三二三〇)六〇八〇

印刷所　大日本印刷株式会社

製本所　ナショナル製本協同組合

定価はカバーに表示してあります。

本著の内容の一部または全部を無断で複写・複製することは法律で認められた場合を除き、著作権の侵害となります。

造本には十分に注意をしておりますが、乱丁・落丁(本のページ順の間違いや抜け落ち)の場合はお取り替えいたします。

購入された書店名を明記して集英社読者係までお送りください。送料は小社負担でお取り替えいたします。

ただし、古書店で購入したものについては、お取り替えできません。

また、業者など、読者本人以外による本書のデジタル化は、いかなる場合でも一切認められませんのでご注意ください。

©2012 Hiromi Shimada　Printed in Japan
ISBN978-4-7976-7242-8　C0014

知のトレッキング叢書は、高校生から大人まで、これから知の山脈を歩き始める人たちに向けた新しいタイプの叢書です。

2013年1月刊行!
知のトレッキング叢書

『生命とは何だろう?』
長沼 毅 著

予価:1,000円+税 ISBN:978-4-7976-7243-5

最新の研究が教えてくれる
生命38億年の歴史。

最初の生命はどこで生まれたのか、
生命を人工的に創りだすことは可能なのか、
そもそも生命とはいったい何なのか。南極やサハラ砂漠など、
極限環境の生物を研究する長沼毅が、生命の謎を解説。

好評既刊

『考えるとはどういうことか』
外山滋比古 著

定価:1,000円+税 ISBN:978-4-7976-7222-0

「知識と思考は反比例の関係にある」。経験を軽視し、
自分の頭で考えることが苦手になった日本人が自由思考を手に入れるためには?
超ロングセラー『思考の整理学』の著者が提案する発想のヒント。

『宇宙はなぜこんなにうまくできているのか』
村山 斉 著

定価:1,100円+税 ISBN:978-4-7976-7223-7

なぜ太陽は燃え続けていられるのか。
なぜ目に見えない暗黒物質の存在がわかったのか。
そして、なぜ宇宙はこんなにも人間に都合よくできているのか――
宇宙の謎がよくわかる、村山宇宙論の決定版。